ספרי׳ — אוצר החסידים — ליובאוויטש

ספר
מענה לשון
לאמר על קברי הצדיקים

כפי שהנהיג כ״ק אדמו״ר ר׳ דוב בער נ״ע
לאמר בהאדיץ על קבר אדמו״ר נ״ע

נדפס עתה מחדש לאמר על ציון
כ״ק אדמו״ר ר׳ יוסף יצחק נ״ע
וכ״ק אדמו״ר ר׳ מנחם מענדל נ״ע

הוצאה חדשה ומתוקנת

יוצא לאור על ידי מערכת
„אוצר החסידים"
770 איסטערן פארקוויי ברוקלין, נ.י.
שנת חמשת אלפים שבע מאות וששים לבריאה

Maaneh Lashon
WITH
English Translation

Translated by
Rabbi Eliyahu Touger

Copyright © 1996
Second Printing 2000
by
Kehot Publication Society
770 Eastern Parkway / Brooklyn, New York 11213
(718) 774-4000 / FAX (718) 774-2718

Order Department:
291 Kingston Avenue / Brooklyn, New York 11213
(718) 778-0226 / FAX (718) 778-4148
www.kehotonline.com

ISBN 0-8266-0243-6

Printed in the United States of America

MAANEH LASHON

TO BE READ AT THE RESTING PLACES OF TZADDIKIM

According to the custom established by
Rabbi DovBer, second Rebbe of Lubavitch נ"ע
to be recited at the resting place
of the Alter Rebbe,
Rabbi Schneur Zalman, נ"ע in Haditz

Reprinted to be recited at the resting places of
Rabbi Yosef Yitzchok Schneersohn
and
Rabbi Menachem Mendel Schneerson
of Lubavitch
נ"ע

מאדם מערכי לב, ומה׳ מענה לשון
"The arrangement of thoughts belongs to man,
but the gift of speech comes from G-d" (*Mishlei* 16:1)

KEHOT PUBLICATION SOCIETY
770 EASTERN PARKWAY
BROOKLYN, NEW YORK 11213

5760 • 2000

הקדמה להוצאה מחודשת הראשונה

ב״ה.

ה„מענה לשון״ הנדפס בזה הוא פוטוגרפיא מהנדפס ע״י כ״ק מו״ח אדמו״ר הכ״מ (ווילנא, תער״ב) לאמר בהאדיק, וכמובן נשתנה כאן השם בה„יהי רצון״ שאומרים לבסוף (ע׳ יח*).

מעבר לשער במענה לשון הנ״ל נדפסו שורות אחדות וז״ל:

העתק מגוף כתי״ק

כ״ק אדמו״ר הרב **צמח־צדק** זצוקללה״ה נבג״מ זי״ע

אלול נסע עכב״ב לקראסנע וביום ו׳ עש״ק שלאחריו ברחו מצרפתים והי׳ מטולטל עד ביאתן לפיענא ערב שבת **וישלח** תקע״ג ושם במוש״ק דשמות **כ״ג** אור **לכ״ד טבת** כחצות שעה י״א נשבה **ארון הקדש** מאור ישראל משיח ה׳ ונתבקש בישיבה של מעלה ה׳ יחיש ביאת גואלינו והקיצו ורננו שוכני עפר והוא בתוכם ישמיענו נפלאות מתורת ה׳ תמימה משיבת נפש בגוף כי טל תורה מחי׳ אכי״ר בעגלא ובזמן קריב.

* * *

כ״ק מו״ח אדמו״ר הכ״מ נסתלק בשבת קודש דבא בעשירי לחודש אחד עשר הוא חודש שבט כחמשה עשר רגעים לפני שעה שני׳ (שמינית) בוקר.

והוי׳ יחיש ויזכנו להיעוד המקווה והקיצו ורננו שוכני עפר והוא, כ״ק מו״ח אדמו״ר הכ״מ, בתוכם.

* * *

בחוברת בפ״ע הו״ל בקשר להנ״ל: א) אגרת הקודש סימן כז וביאורה, לכ״ק אדמו״ר הזקן. ב) ענין ההשתטחות, לכ״ק אדמו״ר האמצעי. ג) ד״ה להבין מ״ש בזהר כו׳ גנתא לא עאל בה בההוא גננא, לכ״ק אדמו״ר ה„צמח צדק״. ד) ד״ה פזר נתן תרצ״ב, לכ״ק מו״ח אדמו״ר הכ״מ. — ובתור הוספה שו״ת מהרה״ג הרה״ח וכו׳ וכו׳ מהרי״ל נ״ע אודות הציון של אחיו כ״ק אדמו״ר הזקן נ״ע.

מנחם מענדל בן חנה שניאורסאהן

כ״ה אדר השי״ת ברוקלין, נ. י.

---

*) בהוצאה זו ע׳ 43. המו״ל.

PUBLISHER'S FOREWORD

"And You Shall Live By Them"[1]

The Jewish way of life is oriented in the present, in the here-and-now. Hence our Torah is referred to as *Toras Chayim*,[2] "the Torah of life." Certainly, Judaism concerns itself with matters of the afterlife, with the existence of souls in spiritual worlds, and the eventual resurrection. To be sure, however, these concerns are significant insofar as they serve to advance the ultimate purpose of existence — to live our lives to the fullest by uplifting and transforming this world into a G-dly abode.

As such, the cemetery does not assume a central place in our Jewish experience. Yet, by an ancient and venerated tradition, prayer at the graves of the righteous is a common practice, one that is explored and sanctioned in both Torah law and its esoteric sources.

Our Mother's Tears

Our sages ask:[3] "Why did Jacob bury Rachel on the way to Efras, rather than carry her body to the ancestral plot in the Cave of Machpelah?" They explain that Jacob had a prophetic vision of the Jewish people passing Rachel's burial place as they were exiled from Jerusalem and led to Babylon. Whereupon Rachel would intercede on their behalf and her prayers would be heard[4]:

> A voice is heard in Ramah, lamentation and bitter wailing, Rachel weeping for her children.... Thus says G-d: "Withhold your voice from weeping and your eyes from tears. Your work will be rewarded.... There is hope for your future..., your children will return from the land of the enemy."

---

1. In the original, וחי בהם; *Vayikra* 18:5.
2. In the *Shemoneh Esreh* prayer; *Siddur Tehillat HaShem*, p. 60.
3. *Bereishis Rabbah* 82:10
4. *Yirmeyahu* 31:14-16.

Similarly, on his way with the spies to Israel, Caleb paused in Hebron to pray at the Caves of the Patriarchs.[5] These prayers saved him from becoming embroiled in the unfortunate plot of the spies.

To this day, people make their way to pray at Rachel's Tomb in Bethlehem, at the burial place of the Patriarchs and Matriarchs in the Machpela Cave in Hebron, and at King David's Tomb on Mt. Zion. Indeed, until the recapture of the Western Wall in 1967, it was at King David's Tomb that Jewish pilgrims to Jerusalem would choose to pray.

Similarly, the graves of other righteous men and women, both in *Eretz Yisrael* and in the world at large, in both Ashkenazi and Sephardi communities, have served as places of prayer for our people.

Why Pray at the Graves of the Righteous?

Our sages enumerate several reasons for this custom:[6]

a. Visiting a gravesite elicits feelings of mourning, subdues one's material inclinations, and inspires one to turn to G-d[7] in *teshuvah*.[8]

b. On the day prior to Rosh HaShanah, it is customary to visit the cemetery,[9] for "as the resting place of the righteous, it is a holy place where prayers are more likely to be accepted. [A person] should ask G-d for mercy in the merit of the *tzaddikim* who repose in the dust."[10]

c. Visiting the resting place of one's parents or others with whom one had a close bond, stirs the emotions and opens the heart, evoking deep feelings of yearning and remorse. When experienced at the graveside of a *tzaddik*, one can be motivated to complete *teshuvah*.

d. Visiting the gravesite of a *tzaddik* with whom one had a personal connection is akin to a *yechidus*, a personal encounter of souls that takes

---

5. *Sotah* 34b.
6. The explanations in this portion are based on the *maamar* entitled *Kuntreis HaHishtatchus*, attributed to Rabbi DovBer of Lubavitch, the Mitteler Rebbe.
7. *Rama, Orach Chayim* 559:10. The commentaries explain that for this reason, one may even go to a non-Jewish cemetery.
8. Reflection on the day of death produces a sobering effect on one's material inclinations. *Berachos* 5a.
9. *Rama, Orach Chayim* 581:4.
10. *Baer Heitev* 581:17.

place when the chasid comes to the Rebbe, seeking counsel and guidance. In the presence of the *tzaddik's* G-dliness, one's self-consciousness quickly dissipates. The experience is similar when visiting the *tzaddik's* resting place, for[11] "the righteous are greater after death than in their lifetime," and there is a residual influence of the soul which remains associated with the body in the grave, as the *AriZal* explains in *Likkutei Torah*.[12]

What These Prayers Are

Maaneh Lashon is a series of prayers and psalms structured to be recited at the graves of *tzaddikim*. It also includes a passage from the *Zohar* which explains the significance of such prayers.

The title *Maaneh Lashon* is borrowed from the verse,[13] לאדם מערכי לב, ומה׳ מענה לשון — "The arrangement of thoughts belongs to man, but the gift of speech comes from G-d." The verse is quoted in the *Mussaf* prayers of Rosh HaShanah and Yom Kippur, and also paraphrased: אשאלה ממנו מענה לשון — "I ask Him to grant me the gift of speech."[14]

Maaneh Lashon was compiled by R. Yaakov ben R. Avraham Shlomo Shinna, who also published original Talmudic commentaries and *derushim*. A glimpse at its printing history gives one some conception of its universal acceptance and appeal. It was first published in Prague soon after the year 5370 [1610], was reprinted there in 5375 [1615], and then appeared (with occasional modification) in communities as diverse as Cracow, Amsterdam, Sulzbach, Vienna, Lvov and Vilna, as well as in scores of other cities. Dozens of its editions included both the Hebrew original and a Yiddish translation, and by the year 5610 [1850], 19 editions had appeared in Yiddish alone.

The Hebrew text to follow is structured according to the custom established by Rabbi DovBer, second Rebbe of Lubavitch, to be recited

---

11. *Chullin* 7b; see *Tanya, Iggeres HaKodesh*, Epistle 27.
12. *Taamei HaMitzvos, Parshas Vayechi*.
13. *Mishlei* 16:1.
14. *Machzor for Rosh HaShanah* (Kehot), p. 150; *Machzor for Yom Kippur* (Kehot), p. 177.

at the resting place of his father, Rabbi Schneur Zalman, founder of Chabad-Lubavitch.

The sixth Lubavitcher Rebbe, Rabbi Yosef Y. Schneersohn, published the *Maaneh Lashon* in 5672 (1912), for recitation in Haditz. After the passing of Rabbi Yosef Yitzchak, in 1950, the Rebbe reprinted this edition with the name change that appears in the *Yehi Ratzon*[15] recited at the conclusion.

This translation was prepared by Rabbi Eliyahu Touger and edited by Uri Kaploun.[16]

An Address to Turn To

Had the translation of this text been completed before Tammuz 3, 5754 [1994], this Foreword would have ended at this point. But from that date on, praying at the *Ohel*[17] has taken on a new significance.

In his lifetime, the Rebbe was receptive to every Jew, regardless of background, education, or degree of religious involvement. All who approached the Rebbe beheld his penetrating insight into their particular condition, and found solace in his purposeful words of blessing and advice.

This is still true. Although we cannot see the Rebbe physically, his is still the address to which we turn in times of crisis, or when a blessing is particularly called for. At the *Ohel*, thousands of men and women from all walks of life pour their hearts out to G-d, and ask that the Rebbe intercede on their behalf.

After the passing of his father-in-law, Rabbi Yosef Yitzchak, the Rebbe urged his followers to keep writing to him for blessings. "He will find a way," the Rebbe explained, "to communicate his answer." Surely this applies to the Rebbe as well.

---

15. Page 39.
16. The English translation of *Siddur Tehillat HaShem* [Kehot, 1978] served as a source for much of the material. Rabbi Sholom B. Wineberg and Rabbi Leib Kaplan (of blessed memory) served as resources.
17. Lit., "tent" (synonym: *tziyun*): the structure built over the resting place of a *tzaddik*.

Proceeding Together

It would, however, be inappropriate to perceive of the Rebbe as an address to turn to only in times of need. As the paradigmatic Jewish leader, the Rebbe infused our lives with inspiration, meaning, vitality and direction.

These are not things of the past.

During 1988, in the year which followed the passing of his wife, *Rebbitzin* Chaya Moussia, of blessed memory, the Rebbe repeatedly referred to the Biblical phrase,[18] "And the living should take it to heart." Now is the time for all those whose lives were touched by the Rebbe to take his message to heart, apply it in their daily lives, and share it with their families and friends.

The Rebbe's vision of a perfected world redeemed by the coming of Moshiach resonates in all of his activities, teachings and discourses. Praying at his resting place enables us to internalize this vision and to make his goals and values real and active principles in our lives.

May the Almighty hasten the fulfillment of the ultimate promise,[19] "You who repose in the dust: Awaken and sing joyful praises!"

Kehot Publication Society

Yud Shvat, 5756 [1996]

---

18. *Koheles* 7:2.
19. *Yeshayahu* 26:19.

בבואו לבה"ק אם עברו שלשים יום מעת ראהו יברך ברכה זו:

בָּרוּךְ אַתָּה יְיָ אֱלֹהֵינוּ מֶלֶךְ הָעוֹלָם אֲשֶׁר יָצַר אֶתְכֶם בַּדִּין. וְזָן אֶתְכֶם בַּדִּין וְכִלְכֵּל אֶתְכֶם בַּדִּין וְהֵמִית אֶתְכֶם בַּדִּין. וְיוֹדֵעַ מִסְפַּר כֻּלְּכֶם וְהוּא עָתִיד לְהַחֲיוֹתְכֶם וּלְקַיֵּם אֶתְכֶם בַּדִּין: בָּרוּךְ אַתָּה יְיָ מְחַיֵּה הַמֵּתִים:

אַתָּה גִּבּוֹר לְעוֹלָם אֲדֹנָי, מְחַיֵּה מֵתִים אַתָּה, רַב לְהוֹשִׁיעַ: מְכַלְכֵּל חַיִּים בְּחֶסֶד, מְחַיֵּה מֵתִים בְּרַחֲמִים רַבִּים, סוֹמֵךְ נוֹפְלִים, וְרוֹפֵא חוֹלִים, וּמַתִּיר אֲסוּרִים, וּמְקַיֵּם אֱמוּנָתוֹ לִישֵׁנֵי עָפָר. מִי כָמוֹךָ בַּעַל גְּבוּרוֹת וּמִי דּוֹמֶה לָּךְ, מֶלֶךְ מֵמִית וּמְחַיֶּה וּמַצְמִיחַ יְשׁוּעָה: וְנֶאֱמָן אַתָּה לְהַחֲיוֹת מֵתִים:

אח"כ יאמר זה:

וְעַל כָּל זֶה אֲנַחְנוּ חַיָּבִים לְהוֹדוֹת לְךָ וּלְיַחֵד אֶת שִׁמְךָ הַגָּדוֹל הַגִּבּוֹר וְהַנּוֹרָא. אֵין עֲרוֹךְ לְךָ יְיָ אֱלֹהֵינוּ בָּעוֹלָם הַזֶּה. וְאֵין זוּלָתְךָ מַלְכֵּנוּ לְחַיֵּי הָעוֹלָם הַבָּא. אֶפֶס בִּלְתְּךָ גּוֹאֲלֵנוּ לִימוֹת הַמָּשִׁיחַ. וְאֵין דּוֹמֶה־לְּךָ מוֹשִׁיעֵנוּ לִתְחִיַּת הַמֵּתִים:

If 30 days have elapsed since one's last visit to a cemetery,
the following blessing is recited on arrival:

ברוך Blessed are You, God our Lord, King of the universe, Who created you [who lie here] in judgment, nourished you in judgment, sustained you in judgment, and brought you to death in judgment. He knows the number of you all and He will eventually resurrect you and maintain you in judgment. Blessed are You God, Who resurrects the dead.

אתה You are mighty forever, my God; You resurrect the dead; You are abundant in salvation. He sustains the living with kindness, resurrects the dead with great mercy, supports those who fall, heals the sick, frees the bound, and fulfills His trust to those who sleep in the dust. Who is like You, mighty One! And who can be compared to You, O King, who brings death and restores life, and causes deliverance to sprout forth! And You are faithful to resurrect the dead.

The following passage is then read:

ועל For all the above we are obligated to thankfully acknowledge You and proclaim the oneness of Your great, mighty, and awesome name. There is none who can be compared to You, God our Lord, in this world; and there is nothing other than You, our King, in the life of the World to Come. There is nothing apart from You, our Redeemer, in the days of *Mashiach*; and there is none like You, our Deliverer, in the era of the Resurrection of the Dead.

הנוסח מה שאומרים בעת הדלקת הלאמפין:

הֲרֵינִי מַדְלִיק הַלָּאמְפּ שֶׁל שֶׁמֶן זַיִת לִכְבוֹד נִשְׁמַת אֲדוֹנֵינוּ מוֹרֵינוּ וְרַבֵּינוּ נִשְׁמָתָם בְּגִנְזֵי מְרוֹמִים זְכוּתָם יָגֵן עָלַי אָמֵן כֵּן יְהִי רָצוֹן. וּמְאוֹרָם יָאִיר עַל נֶפֶשׁ רוּחַ נְשָׁמָה חַיָּה יְחִידָה שֶׁלִּי (פלוני(ת) בן (בת) פלונית) בְּרוּחָנִיּוּת וְגַשְׁמִיּוּת בְּבָנֵי חַיֵּי וּמְזוֹנֵי רְוִיחָא:

תהלים

לג רַנְּנוּ צַדִּיקִים בַּיְיָ, לַיְשָׁרִים נָאוָה תְהִלָּה: הוֹדוּ לַייָ בְּכִנּוֹר, בְּנֵבֶל עָשׂוֹר זַמְּרוּ לוֹ: שִׁירוּ לוֹ שִׁיר חָדָשׁ, הֵיטִיבוּ נַגֵּן בִּתְרוּעָה: כִּי יָשָׁר דְּבַר יְיָ, וְכָל מַעֲשֵׂהוּ בֶּאֱמוּנָה: אֹהֵב צְדָקָה וּמִשְׁפָּט, חֶסֶד יְיָ מָלְאָה הָאָרֶץ: בִּדְבַר יְהוָה שָׁמַיִם נַעֲשׂוּ, וּבְרוּחַ פִּיו כָּל צְבָאָם: כֹּנֵס כַּנֵּד מֵי הַיָּם, נֹתֵן בְּאוֹצָרוֹת תְּהוֹמוֹת: יִירְאוּ מֵייָ כָּל הָאָרֶץ מִמֶּנּוּ יָגוּרוּ כָּל יוֹשְׁבֵי תֵבֵל: כִּי הוּא אָמַר וַיֶּהִי, הוּא צִוָּה וַיַּעֲמֹד: יְיָ הֵפִיר עֲצַת גּוֹיִם, הֵנִיא מַחְשְׁבוֹת עַמִּים: עֲצַת יְיָ לְעוֹלָם תַּעֲמֹד, מַחְשְׁבוֹת לִבּוֹ לְדֹר וָדֹר: אַשְׁרֵי הַגּוֹי אֲשֶׁר יְיָ אֱלֹהָיו, הָעָם | בָּחַר לְנַחֲלָה לוֹ: מִשָּׁמַיִם הִבִּיט יְיָ, רָאָה אֶת כָּל בְּנֵי הָאָדָם: מִמְּכוֹן שִׁבְתּוֹ הִשְׁגִּיחַ, אֶל כָּל יֹשְׁבֵי הָאָרֶץ: הַיֹּצֵר יַחַד לִבָּם, הַמֵּבִין אֶל כָּל מַעֲשֵׂיהֶם: אֵין הַמֶּלֶךְ נוֹשָׁע בְּרָב חָיִל, גִּבּוֹר לֹא יִנָּצֵל בְּרָב כֹּחַ: שֶׁקֶר הַסּוּס

The following is said when lighting a lamp:[1]

הריני I am lighting this lamp of olive oil[2] in honor of the soul of our masters, mentors and teachers, whose souls are in the sublime treasure stores; may their merit protect me. Amen; so may it be Your will. May their light shine upon the *Nefesh, Ruach, Neshamah, Chayah* and *Yechidah*[3] granted to me, [One should mention one's own name] the son of [One should mention the name of one's mother,] in spiritual matters and in material matters, bringing abundant blessings with regard to children, health and sustenance.

רננו Righteous ones, sing joyous praises to God; it is fitting for the upright to offer praise.

Extol God with a harp; sing to Him with a ten-stringed lyre.

Sing a new song to Him; skillfully play sounds of jubilation.

For the word of God is just; all His deeds are done in faithfulness.

He loves righteousness and justice; the kindness of God fills the earth.

The heavens were made by the word of God, and by the breath of His mouth, all their hosts.

He collects the waters of the sea like a mound; He stows away the depths in vaults.

Let all the earth fear God; let all the inhabitants of the world quaver before Him.

For He spoke, and it came to be; He commanded, and it endured.

God has nullified the counsel of nations; He has thwarted the schemes of peoples.

The counsel of God stands forever; the thoughts of His heart from generation to generation.

Happy is the people whose God is the Lord, the nation He chose as a heritage for Himself.

God looks down from heaven; He beholds all humanity.

From His dwelling-place, He surveys all the inhabitants of the earth.

It is He who fashions the hearts of them all, who perceives all their actions.

A king is not saved through a large army; a mighty man is not rescued by means of great strength.

---

1. Based on the verse (*Mishlei* 20:27), "The soul of man is a lamp of G-d," it has become customary to light lamps or candles in honor of the departed. This practice is observed during *shivah*, on a *yahrzeit*, on Yom Kippur, and on the eve of those days on which *Yizkor* is read in the synagogue. It is also customary in many communities to light such a lamp when visiting the grave of a righteous man.

2. When olive oil is not easily available, one may light a candle of beeswax or paraffin. In that instance, one would say "I am lighting this candle."

3. I.e., the five levels of the soul (in ascending order) discussed in the teachings of the *Kabbalah.*

לִתְשׁוּעָה, וּבְרֹב חֵילוֹ לֹא יְמַלֵּט: הִנֵּה עֵין יְיָ אֶל
יְרֵאָיו, לַמְיַחֲלִים לְחַסְדּוֹ: לְהַצִּיל מִמָּוֶת נַפְשָׁם
וּלְחַיּוֹתָם בָּרָעָב: נַפְשֵׁנוּ חִכְּתָה לַייָ, עֶזְרֵנוּ וּמָגִנֵּנוּ
הוּא: כִּי בוֹ יִשְׂמַח לִבֵּנוּ, כִּי בְשֵׁם קָדְשׁוֹ בָטָחְנוּ:
יְהִי חַסְדְּךָ יְיָ עָלֵינוּ כַּאֲשֶׁר יִחַלְנוּ לָךְ:

נִשְׁמַת כָּל חַי תְּבָרֵךְ אֶת שִׁמְךָ יְיָ אֱלֹהֵינוּ, וְרוּחַ
כָּל בָּשָׂר תְּפָאֵר וּתְרוֹמֵם זִכְרְךָ מַלְכֵּנוּ
תָּמִיד, מִן הָעוֹלָם וְעַד הָעוֹלָם אַתָּה אֵל,
וּמִבַּלְעָדֶיךָ אֵין לָנוּ מֶלֶךְ גּוֹאֵל וּמוֹשִׁיעַ, פּוֹדֶה
וּמַצִּיל וּמְפַרְנֵס וְעוֹנֶה וּמְרַחֵם בְּכָל עֵת צָרָה
וְצוּקָה, אֵין לָנוּ מֶלֶךְ אֶלָּא אָתָּה, אֱלֹהֵי הָרִאשׁוֹנִים
וְהָאַחֲרוֹנִים. אֱלוֹהַּ כָּל בְּרִיּוֹת, אֲדוֹן כָּל תּוֹלָדוֹת,
הַמְהֻלָּל בְּרֹב הַתִּשְׁבָּחוֹת, הַמְנַהֵג עוֹלָמוֹ בְּחֶסֶד
וּבְרִיּוֹתָיו בְּרַחֲמִים, וַייָ הִנֵּה לֹא יָנוּם וְלֹא יִישָׁן,
הַמְעוֹרֵר יְשֵׁנִים, וְהַמֵּקִיץ נִרְדָּמִים, וְהַמֵּשִׂיחַ
אִלְּמִים, וְהַמַּתִּיר אֲסוּרִים, וְהַסּוֹמֵךְ נוֹפְלִים, וְהַזּוֹקֵף
כְּפוּפִים, לְךָ לְבַדְּךָ אֲנַחְנוּ מוֹדִים. אִלּוּ פִינוּ מָלֵא
שִׁירָה כַּיָּם, וּלְשׁוֹנֵנוּ רִנָּה כַּהֲמוֹן גַּלָּיו, וְשִׂפְתוֹתֵינוּ
שֶׁבַח כְּמֶרְחֲבֵי רָקִיעַ, וְעֵינֵינוּ מְאִירוֹת כַּשֶּׁמֶשׁ
וְכַיָּרֵחַ, וְיָדֵינוּ פְרוּשׂוֹת כְּנִשְׁרֵי שָׁמָיִם, וְרַגְלֵינוּ
קַלּוֹת כָּאַיָּלוֹת. אֵין אָנוּ מַסְפִּיקִים לְהוֹדוֹת לְךָ יְיָ
אֱלֹהֵינוּ וֵאלֹהֵי אֲבוֹתֵינוּ, וּלְבָרֵךְ אֶת שִׁמְךָ עַל אַחַת

A horse is a false guarantee for victory; with all its great power, it offers no escape.

Behold, the eye of God is directed toward those who fear Him, toward those who hope for His kindness.

To save their soul from death and to sustain them during famine, Our soul yearns for God; He is our help and our shield.

In Him shall our hearts rejoice, for we trust in His holy Name.

May Your kindness, God, be upon us, as we have placed our hope in You.[4]

נשמת Let the soul of every living being bless Your name, God our Lord, and the spirit of all flesh continuously glorify and exalt Your remembrance, our King. From the highest world to the lowest, You are the Almighty; apart from You we have no King, Redeemer and Deliverer Who liberates, saves, sustains, answers, and is merciful in every time of distress and tribulation; we have no King but You.

[You are] the God of the first and of the last [generations], God of all created beings, Master of all history, Who is extolled with manifold praises, who directs His world with kindness and His created beings with mercy.

Behold, God neither slumbers nor sleeps.[5] He wakes those who sleep, and rouses those who slumber; He enables the mute to speak, frees the bound, supports those who fall, and straightens those who are bowed. To You alone, we offer thanks. Even if our mouths were filled with song as the sea [is filled with water], our tongues with melody as the rumble of its waves, and our lips with praise as the breadth of the firmament; and our eyes were luminous like the sun and the moon, our hands spread out as the [wings of the] eagles of the sky, and our feet as light as the deer, we would still be incapable of [adequately] thanking You, God our Lord and Lord of our ancestors, and blessing Your name

---

4. *Tehillim* 33.
5. *Op. cit.* 121:4.}

מֵאֶלֶף אַלְפֵי אֲלָפִים, וְרִבֵּי רְבָבוֹת פְּעָמִים,
הַטּוֹבוֹת נִסִּים וְנִפְלָאוֹת שֶׁעָשִׂיתָ עִמָּנוּ וְעִם
אֲבוֹתֵינוּ מִלְּפָנִים: מִמִּצְרַיִם גְּאַלְתָּנוּ, יְיָ אֱלֹהֵינוּ,
מִבֵּית עֲבָדִים פְּדִיתָנוּ, בְּרָעָב זַנְתָּנוּ, וּבְשָׂבָע
כִּלְכַּלְתָּנוּ, מֵחֶרֶב הִצַּלְתָּנוּ, וּמִדֶּבֶר מִלַּטְתָּנוּ,
וּמֵחֳלָיִם רָעִים וְנֶאֱמָנִים דִּלִּיתָנוּ. עַד הֵנָּה עֲזָרוּנוּ
רַחֲמֶיךָ, וְלֹא עֲזָבוּנוּ חֲסָדֶיךָ, וְאַל תִּטְּשֵׁנוּ יְיָ
אֱלֹהֵינוּ, לָנֶצַח. עַל כֵּן, אֵבָרִים שֶׁפִּלַּגְתָּ בָּנוּ, וְרוּחַ
וּנְשָׁמָה שֶׁנָּפַחְתָּ בְּאַפֵּינוּ, וְלָשׁוֹן אֲשֶׁר שַׂמְתָּ בְּפִינוּ.
הֵן הֵם: יוֹדוּ וִיבָרְכוּ וִישַׁבְּחוּ וִיפָאֲרוּ וִירוֹמְמוּ
וְיַעֲרִיצוּ, וְיַקְדִּישׁוּ וְיַמְלִיכוּ אֶת שִׁמְךָ מַלְכֵּנוּ. כִּי כָל
פֶּה, לְךָ יוֹדֶה. וְכָל לָשׁוֹן לְךָ תִשָּׁבַע. וְכָל עַיִן לְךָ
תְצַפֶּה. וְכָל בֶּרֶךְ, לְךָ תִכְרַע. וְכָל קוֹמָה, לְפָנֶיךָ
תִשְׁתַּחֲוֶה. וְכָל הַלְּבָבוֹת יִירָאוּךָ. וְכָל קֶרֶב וּכְלָיוֹת
יְזַמְּרוּ לִשְׁמֶךָ. כַּדָּבָר שֶׁכָּתוּב, כָּל עַצְמוֹתַי
תֹּאמַרְנָה: יְיָ, מִי כָמוֹךָ. מַצִּיל עָנִי מֵחָזָק מִמֶּנּוּ,
וְעָנִי וְאֶבְיוֹן מִגּוֹזְלוֹ. מִי יִדְמֶה-לָּךְ, וּמִי יִשְׁוֶה-לָּךְ,
וּמִי יַעֲרָךְ-לָךְ, הָאֵל הַגָּדוֹל, הַגִּבּוֹר וְהַנּוֹרָא, אֵל
עֶלְיוֹן קוֹנֵה שָׁמַיִם וָאָרֶץ. נְהַלֶּלְךָ, וּנְשַׁבֵּחֲךָ,
וּנְפָאֶרְךָ, וּנְבָרֵךְ אֶת שֵׁם קָדְשֶׁךָ. כָּאָמוּר: לְדָוִד,
בָּרְכִי נַפְשִׁי אֶת יְיָ, וְכָל קְרָבַי אֶת שֵׁם קָדְשׁוֹ:

הָאֵל בְּתַעֲצֻמוֹת עֻזֶּךָ, הַגָּדוֹל בִּכְבוֹד שְׁמֶךָ,

for even one of the many thousands and myriads of favors, miracles and wonders which You have performed for us and for our ancestors before us.

God our Lord, You redeemed us from Egypt, liberated us from the house of bondage, sustained us in famine and nourished us in plenty, rescued us from the sword and saved us from the plague, and preserved us from severe and lasting maladies. Until now Your mercies have helped us, and Your kindnesses have not forsaken us; may You, God our Lord, never utterly abandon us.

Therefore, the limbs which You have structured within us, the spirit and soul which You have breathed into our nostrils, and the tongue which You have placed in our mouths, these will all thank, bless, laud and glorify, exalt and adore, sanctify and proclaim the sovereignty of Your name, our King.

For every mouth shall offer thanks to You; every tongue shall swear [allegiance] to You; every eye shall look to You; and every knee shall bend to You; and all who stand upright shall prostrate themselves before You; all hearts shall be in awe of You; and every inner organ shall sing to Your name, as it is written,[6] "My entire being shall declare: God, who is like You, Who saves the poor from one stronger than he, the poor and the indigent from one who would rob him!" Who can be likened to You? Who can be equated with You? Who can be compared to You, the great, mighty and awesome God, exalted God, Creator of heaven and earth? We will praise, laud, and glorify You and bless Your holy name, as it is said,[7] "[A Psalm] by David: Bless G-d, O my soul, and my entire being His holy name."

האל You are the Almighty by virtue of the strength of Your power; the Great by virtue of the glory of Your name; the

---

6. *Op. cit.* 35:10.
7. *Op. cit.* 103:1.

הַגִּבּוֹר לָנֶצַח, וְהַנּוֹרָא בְּנוֹרְאוֹתֶיךָ: הַמֶּלֶךְ
הַיּוֹשֵׁב עַל כִּסֵּא רָם וְנִשָּׂא:

שׁוֹכֵן עַד, מָרוֹם וְקָדוֹשׁ שְׁמוֹ, וְכָתוּב רַנְּנוּ
צַדִּיקִים בַּיְיָ, לַיְשָׁרִים נָאוָה תְהִלָּה. בְּפִי
יְשָׁרִים תִּתְרוֹמָם, וּבְשִׂפְתֵי צַדִּיקִים תִּתְבָּרַךְ,
וּבִלְשׁוֹן חֲסִידִים תִּתְקַדָּשׁ, וּבְקֶרֶב קְדוֹשִׁים
תִּתְהַלָּל:

וּבְמַקְהֲלוֹת רִבְבוֹת עַמְּךָ בֵּית יִשְׂרָאֵל, בְּרִנָּה
יִתְפָּאַר שִׁמְךָ מַלְכֵּנוּ בְּכָל דּוֹר
וָדוֹר. שֶׁכֵּן חוֹבַת כָּל הַיְצוּרִים, לְפָנֶיךָ יְיָ אֱלֹהֵינוּ
וֵאלֹהֵי אֲבוֹתֵינוּ: לְהוֹדוֹת, לְהַלֵּל, לְשַׁבֵּחַ, לְפָאֵר,
לְרוֹמֵם, לְהַדֵּר, לְבָרֵךְ, לְעַלֵּה וּלְקַלֵּס, עַל כָּל דִּבְרֵי
שִׁירוֹת וְתִשְׁבְּחוֹת דָּוִד בֶּן יִשַׁי עַבְדְּךָ, מְשִׁיחֶךָ:

תהלים
צ תְּפִלָּה לְמשֶׁה אִישׁ הָאֱלֹהִים, אֲדֹנָי מָעוֹן אַתָּה
הָיִיתָ לָּנוּ, בְּדֹר וָדֹר: בְּטֶרֶם הָרִים יֻלָּדוּ וַתְּחוֹלֵל
אֶרֶץ וְתֵבֵל, וּמֵעוֹלָם עַד עוֹלָם אַתָּה אֵל: תָּשֵׁב
אֱנוֹשׁ עַד דַּכָּא, וַתֹּאמֶר שׁוּבוּ בְנֵי אָדָם: כִּי אֶלֶף
שָׁנִים בְּעֵינֶיךָ כְּיוֹם אֶתְמוֹל כִּי יַעֲבֹר, וְאַשְׁמוּרָה
בַלָּיְלָה: זְרַמְתָּם שֵׁנָה יִהְיוּ, בַּבֹּקֶר כֶּחָצִיר יַחֲלֹף:
בַּבֹּקֶר יָצִיץ וְחָלָף, לָעֶרֶב יְמוֹלֵל וְיָבֵשׁ: כִּי כָלִינוּ

Powerful for eternity, and the Awesome by virtue of Your awe-inspiring deeds; the King Who sits upon a lofty and exalted throne.

שוכן He Who dwells for eternity, lofty and holy is His name. And it is written:[8] "Righteous ones, sing joyous praises to God; it is fitting for the upright to offer praise." By the mouths of the upright You are exalted; by the lips of the righteous You are blessed; by the tongues of the pious You are sanctified; and by the innermost parts of the holy ones You are praised.

ובמקהלות And in the assemblies of the myriads of Your people, the House of Israel, with song shall Your name, our King, be glorified, in every generation. For that is the duty of all created beings, God our Lord and God of our ancestors, to thankfully acknowledge, to laud, to praise, to glorify, to exalt, to extol, to bless, to magnify and to acclaim You, even more than all the words of song and praise of David, the son of Yishai, Your servant and anointed one.

תפלה A prayer by Moshe, the man of God. My God, You have been a shelter for us in every generation.

Before the mountains were brought into being, before You created the earth and the world, for ever and ever You are the Almighty.

You bring man low until the crushing point, and You say, "Return, children of man."

For a thousand years are in Your eyes like yesterday that has passed, like a watch of the night.

The flow [of their life] is as a mere slumber; in the morning, they are like grass that sprouts anew.

In the morning, it thrives and sprouts anew; in the evening, it withers and dries up.

---

8.   *Op. cit.* 33:1.

בְאַפֶּךָ, וּבַחֲמָתְךָ נִבְהָלְנוּ: שַׁתָּה עֲוֹנֹתֵינוּ לְנֶגְדֶּךָ, עֲלֻמֵנוּ לִמְאוֹר פָּנֶיךָ: כִּי כָל יָמֵינוּ פָּנוּ בְעֶבְרָתֶךָ, כִּלִּינוּ שָׁנֵינוּ כְמוֹ הֶגֶה: יְמֵי שְׁנוֹתֵינוּ בָהֶם שִׁבְעִים שָׁנָה, וְאִם בִּגְבוּרֹת שְׁמוֹנִים שָׁנָה, וְרָהְבָּם עָמָל וָאָוֶן, כִּי גָז חִישׁ וַנָּעֻפָה: מִי יוֹדֵעַ עֹז אַפֶּךָ, וּכְיִרְאָתְךָ עֶבְרָתֶךָ: לִמְנוֹת יָמֵינוּ כֵּן הוֹדַע, וְנָבִיא לְבַב חָכְמָה: שׁוּבָה יְיָ עַד מָתָי, וְהִנָּחֵם עַל עֲבָדֶיךָ: שַׂבְּעֵנוּ בַבֹּקֶר חַסְדֶּךָ, וּנְרַנְּנָה וְנִשְׂמְחָה בְּכָל יָמֵינוּ: שַׂמְּחֵנוּ כִּימוֹת עִנִּיתָנוּ שְׁנוֹת רָאִינוּ רָעָה: יֵרָאֶה אֶל עֲבָדֶיךָ פָעֳלֶךָ, וַהֲדָרְךָ עַל בְּנֵיהֶם:

וִיהִי נֹעַם | אֲדֹנָי אֱלֹהֵינוּ עָלֵינוּ, וּמַעֲשֵׂה יָדֵינוּ כּוֹנְנָה עָלֵינוּ, וּמַעֲשֵׂה יָדֵינוּ כּוֹנְנֵהוּ:

מענה לשון סימן ג׳

שָׁלוֹם עֲלֵיכֶם אֲדוֹנֵינוּ מוֹרֵינוּ וְרַבֵּינוּ עֲלֵיכֶם הַשָּׁלוֹם מֵעַתָּה וְעַד עוֹלָם. בְּשָׁלוֹם תָּנוּחוּ עַל מִשְׁכַּבְכֶם וְאַף לֹא תִצְטַעֲרוּ בְּצָרַת קְרוֹבֵיכֶם. שְׁכִינָתְכֶם תִּהְיֶה בְּעַב הֶעָנָן וּבְסֵתֶר עֶלְיוֹן בְּצֵל שַׁדַּי תִּתְלוֹנָנוּ. אַשְׁרֵיכֶם וְטוֹב לָכֶם שֶׁזְּכִיתֶם לָלֶכֶת אַחֲרֵי בּוֹרַאֲכֶם וּלְהָאֵר נֵרְכֶם וְהוֹרֵיתֶם לְיִשְׂרָאֵל חוּקִים יְשָׁרִים וּמִשְׁפָּטִים טוֹבִים לְהַצְדִּיק אֶת בְּנֵי דוֹרְכֶם. וְטוֹב לָכֶם כִּי גָדוֹל שְׂכַרְכֶם מְאֹד. וְהַמֶּלֶךְ הַגָּדוֹל

For we are consumed by Your anger, and confounded by Your wrath.

You have set our sins before You, our hidden deeds before the radiance of Your countenance.

For all our days have passed by in Your wrath; we cause our years to pass like a fleeting sound.

The years of our life number seventy, or, in great vigor, eighty; their force is but travail and futility, passing quickly and flying away.

Who can know the intensity of Your anger? Just as one's fear of You [is unbounded], so too [is] Your wrath.

Teach us, then, to reckon our days, that we may acquire a wise heart.

Turn back, O God; how long [will Your wrath endure]? Have compassion upon Your servants.

Satiate us [every] morning with Your kindness, then we will sing and rejoice throughout our days.

Grant us joy commensurate with the days You afflicted us, the years we have seen adversity.

Let Your work be shown to Your servants, and Your splendor be upon their children.

ויהי May the pleasantness of God our Lord be upon us; establish for us the work of our hands; establish the work of our hands.[9]

Maaneh Lashon, sec. 3

שלום Peace upon you, our masters, mentors and teachers; may you have peace from now until eternity. May you lie in peace on your resting places without being pained at the distress of those who are close to you. May you dwell in the thick cloud, and may you rest in the shelter of the Most High, in the shadow of the Omnipotent.[10]

How fortunate and how good is your portion — that you merited to follow your Creator and have your candle shine forth, that you instructed Israel concerning just statutes and good judgments, enabling the people of your generations to be righteous. Your lot is good, for your rewards are very great.

---

9.   *Op. cit.* 90.
10. Cf. *op. cit.* 91:1.

וְהַקָּדוֹשׁ בָּרוּךְ הוּא יָחִישׁ וִימַהֵר תְּחִיַּתְכֶם וַעֲמִידַתְכֶם
עִם כָּל שְׁאָר צַדִּיקֵי וַחֲסִידֵי עוֹלָם וּלְזַכּוֹתְכֶם לָעוֹלָם
שֶׁכֻּלּוֹ טוֹב וְאָרוּךְ. אֲשֶׁר בְּכָל דְּבָרָיו הוּא בָּרוּךְ.
וּלְהִתְעַנֵּג בְּתַעֲנוּגִים מִזִּיו שַׁדַּי וּבְהֵמוֹת בְּהַרְרֵי אָלֶף.
וְלִוְיָתָן וְיַיִן חֶמֶר שֶׁמִּבְּרֵאשִׁית הַמֻּבְחָר בְּכָל טוּב
לְקַבֵּל אֶלֶף. וְכַאֲשֶׁר בִּמְלַאכְתְּכֶם עֲמַלְתֶּם בָּעוֹלָם
הַזֶּה לַעֲסוֹק בְּדִבְרֵי תוֹרָה. כְּנֶגֶד זֶה מֵחַיִל אֶל חָיִל
תֵּלֵכוּ וּמִישִׁיבָה לִישִׁיבָה מְקוֹם מַה נּוֹרָא. וְחִדּוּשֵׁי
טַעֲמֵי הַתּוֹרָה תִּזְכּוּ לִשְׁמוֹעַ מִפִּי הַשֵּׁם יִתְבָּרֵךְ
וְיִתְעַלֶּה. אֲשֶׁר לֶעָתִיד הוּא יִדְרוֹשׁ וְיִתְגַּלֶּה. וִיהִי רָצוֹן
לִפְנֵי אָבִינוּ שֶׁבַּשָּׁמַיִם שֶׁאֶזְכֶּה בִּזְכוּתְכֶם וּבִזְכוּת כָּל
שְׁאָר הַצַּדִּיקִים וְהַחֲסִידִים הַשּׁוֹכְנִים פֹּה שֶׁיְּכַפֵּר לִי
הָאֵל הַסַּלְחָן עַל כָּל חַטֹּאתַי וַעֲוֹנוֹתַי וּפְשָׁעַי כִּי לְמַעַן
כְּבוֹדְכֶם בָּאתִי הֵנָּה לְהַלֵּל לְשֵׁם הַגָּדוֹל וְהַנּוֹרָא
וּלְהִשְׁתַּטֵּחַ עַל קִבְרְכֶם לְבַקֵּשׁ מִכֶּם שֶׁתִּתְפַּלְּלוּ עָלַי
שֶׁיַּצִּילֵנִי מִן הַשּׁוֹד וּמִן הַשֶּׁבֶר וּמִן הַבִּזָּה וּמִן הַטִּלְטוּל
הַקָּשֶׁה וּמִפַּחַד וּבֶהָלָה וּמִמִּיתָה מְשֻׁנָּה וּמְגֻנָּה וּמִן
הַשָּׁעוֹת הָרָעוֹת וְיִשְׁלַח בְּרָכָה וְהַצְלָחָה בְּכָל מַעֲשֵׂה
יָדַי וְיִרְפָּא אֶת תַּחֲלוּאַי וִיבָרֵךְ אֶת לַחְמִי וּמֵימַי וְיָסִיר
כָּל מַחֲלָה מִקִּרְבִּי וְיַצִּילֵנִי מִן כָּל אוֹיֵב וְאוֹרֵב
וְלִסְטִים. וְיִתֶּן לִי וּלְכָל יִשְׂרָאֵל מַתָּנָה טוֹבָה וּפַרְנָסָה
טוֹבָה. לְמַעַן זְכוּתְכֶם וְצִדְקַתְכֶם. וְיִתֶּן לִי חֵלֶק טוֹב
וְשָׂכָר טוֹב כְּדֵי שֶׁאֶזְכֶּה לְחַיֵּי הָעוֹלָם הַבָּא. וִיבַשְּׂרֵנִי

May the great and holy King, blessed be He, hasten and speed your resurrection, and your rising with all the other righteous and pious men of the world. May He cause you to merit the world which is all good and unending,[11] which is blessed in all elements. May you take pleasure in the [spiritual] creatures of the fields[12] and the animals of a thousand hills,[13] the Leviathan [of the banquet of *Mashiach*],[14] and the [secrets of the Torah which are likened to] aged wine [dating from the beginning] of creation,[15] the finest of all good, in a thousand portions.[16]

Just as you labored in your tasks in this world, occupying yourselves with the words of the Torah, so too, may you go from strength to strength,[17] from one [heavenly] academy to another, reaching a truly awesome place. May you merit to hear from G-d, may He be blessed and extolled, new insights regarding the rationales for the Torah upon which He will expound and which will be revealed in the Future.

May it be the will of our Father in heaven that I be worthy — in your merit, and in the merit of the other righteous and pious men who rest here — that G-d Almighty, the Pardoner, will forgive all my sins, iniquities and transgressions. For it is for the sake of your glory that I have come here to praise [His] great and awesome name and to prostrate myself on your graves, asking that you pray for me, that He should deliver me from robbery, injury, and pillaging, from difficult travail, from fear, consternation, and strange and shameful death, and from trying times.

May my deeds be endowed with blessing and success, my afflictions be healed, my bread and water be blessed, all sickness removed from my midst,[18] and may I be delivered from all enemies, lurking foes, and robbers.

May I, and all of Israel, be granted a generous gift and generous sustenance for the sake of your merit and your righteousness.

May I be granted a good portion and generous reward so that I will merit the life of the World to Come. May I merit good tidings, to hear favorable reports.

---

11. Cf. *Kiddushin* 39b.
12. Cf. *op. cit.* 50:11.
13. Cf. *op. cit.* 50:10.
14. Cf. *Bava Basra* 75a.
15. Cf. *Pesachim* 119b; *Berachos* 34b.
16. Cf. *Daniel* 5:1.
17. Cf. *Tehillim* 84:8.
18. Cf. *Shmos* 23:25.

בְּשׂוֹרוֹת טוֹבוֹת. וְיַשְׁמִיעֵנִי שְׁמוּעוֹת טוֹבוֹת וְיִתֶּן לִי
אֹרֶךְ יָמִים וּשְׁנוֹת חַיִּים וְשָׁלוֹם וְהַשְׁקֵט וָבֶטַח. וְאַל
יֶאֱסוֹף עִם חַטָּאִים נַפְשִׁי וְעִם אַנְשֵׁי דָמִים חַיָּי. וְאַל
יַאַסְפֵנִי בַּחֲצִי יָמַי וִימַלֵּא מִסְפַּר יָמַי בְּשֵׂיבָה טוֹבָה.
וְיוֹסִף לִי חָכְמָה וָדַעַת וּבִינָה וְחֵן וָחֶסֶד וְרַחֲמִים לְפָנָיו
וְלִפְנֵי כִסֵּא כְבוֹדוֹ וְלִפְנֵי כָּל הַבְּרִיּוֹת שֶׁרוֹאִים אֶת פָּנַי.
וְיַחֵד לְבָבִי לְאַהֲבָה אוֹתוֹ וּלְיִרְאָה אֶת שְׁמוֹ וְיַטֶּה לְבָבִי
לַעֲשׂוֹת רְצוֹנוֹ בְּלֵבָב שָׁלֵם וְיִשְׁמַע קוֹל תַּחֲנוּנַי וְאַל
יְשִׁיבֵנִי רֵיקָם מִלְּפָנָיו:

וישא עיניו אל כפים אל אל בשמים ויאמר:

אָנָּא אֲדוֹן הָעוֹלָמִים רַחֲמָן מָלֵא רַחֲמִים אַף אִם
אָמְנָם שָׁגִיתִי חָטָאתִי עָוִיתִי וּפָשַׁעְתִּי כָּזֹאת
וְכָזֹאת עָשִׂיתִי הֵן בְּעַצְמִי אוֹ בְּגִלְגּוּלֵי הֱרֵעוֹתִי אֶת
מַעֲלָלַי. הֵן אִם בְּגִלְגּוּל זֶה אוֹ בְּגִלְגּוּל אַחֵר. בְּמַעֲשֶׂה
אֲשֶׁר אֵין לוֹ שַׁחַר. אֲדֹנָי שְׁמָעָה אֲדֹנָי סְלָחָה אֲדֹנָי
הַקְשִׁיבָה וַעֲשֵׂה אַל תְּאַחַר. וְלֹא תִרְאֶה אוֹתִי נִדָּח
וְהִתְעַלַּמְתָּ. עָזֹב תַּעֲזוֹב וְהָקֵם תָּקִים לְיָצִיר אֲשֶׁר
גָּלַמְתָּ. כִּי מִי אָנֹכִי כִּי הֲבִיאוֹתַנִי עַד הֲלוֹם וְאֵין אֲנִי
לְצוֹרְכְּךָ כְּלוּם כִּי אִם בְּחַסְדְּךָ הַגָּדוֹל לְזַכּוֹתִי
בְּרָאתַנִי. וּמֵאַיִן לְיֵשׁ הִמְצֵאתַנִי. וְאִם הֱרֵעוֹתִי אֶת
מַעֲשַׂי וְקִפַּחְתִּי פַּרְנָסָתִי אַל בְּאַפְּךָ תוֹכִיחֵנִי לְיַסֵּר
בְּמִשְׁפָּט אוֹתִי. וְאִם כָּכָה אַתְּ עֹשֶׂה לִי הֲלֹא טוֹב לִי

May I be granted long days, and years of life and peace,[19] tranquillity and security. May my soul not be gathered in with sinners, nor my life with bloody men.[20] May it not be in the midst of my days that I be gathered in;[21] may I complete my days in good old age.

May I be granted increased wisdom, knowledge, understanding, grace, kindness and mercy before Him, before His throne of glory, and before all the created beings who see my countenance.

May my heart be focused to love Him and fear His name, to fulfill His will with a complete heart.

May He listen to the voice of my supplications and not turn me away empty-handed from His presence.

One should lift his eyes with his outstretched hands to G-d in heaven,[22] and say:

אנא I beseech You, Lord of the worlds, Merciful One Who is full of compassion: If I have erred, sinned, transgressed, or committed iniquity, performing this or that [forbidden] deed, either I myself or in a previous incarnation, and thus marred my actions, whether in this incarnation or another incarnation, with a deed that lacks the light of dawn,[23] — God, hear; God, forgive, God listen and act, do not delay.[24]

Do not see me shunned and ignore me.[25] You will surely help[26] and surely raise up[27] the creature whom You formed. For who am I that You have brought me to this position. I am not needed by You. It is only in Your great kindness that You created me, so that I could achieve merit. You brought me into being from nothingness.

If I have corrupted my deeds and impaired my sustenance,[28] do not rebuke me in Your wrath[29] or make me suffer through judgment. If you do this to me,[30] it would have been better had I not been created, nor emerged into the world.

---

19. Cf. *Mishlei* 3:2.
20. Cf. *Tehillim* 26:9.
21. Cf. *op. cit.* 102:25.
22. Cf. *Eichah* 3:41.
23. Cf. *Yeshayahu* 8:20.
24. Cf. *Daniel* 9:19.
25. Cf. *Devarim* 22:1.
26. Cf. *Shmos* 23:5.
27. Cf. *Devarim* 22:4.
28. Cf. *Kiddushin* 82b.
29. Cf. *Tehillim* 6:2.
30. Cf. *Bamidbar* 11:15.

שֶׁלֹּא נִבְרֵאתִי וּלְעוֹלָם לֹא יָצָאתִי. אַךְ בְּהַבִּיטְךָ
לְסוֹף דָּבָר בְּקַדְמוּתוֹ. עַל כֵּן הִקְדַּמְתָּ רַחֲמֶךָ לְדִינֶךָ
וּמִדָּתְךָ לְהַאֲרִיךְ אַפֶּךָ לָרָעִים וְלַטּוֹבִים וּלְוַתֵּר צִבְחָר
לְהִתְקַיֵּם הָעוֹלָם בְּיִשּׁוּבוֹ. כִּי טוֹב יְיָ לַכֹּל וְרַחֲמָיו עַל
כָּל מַעֲשָׂיו. יִשְׂמַח יִשְׂרָאֵל בְּעוֹשָׂיו. וְאִם מַעֲשַׂי גָּרְמוּ
לְהַבְדִּיל בֵּין קוֹדֶשׁ לְקוֹדֶשׁ אַתָּה תִבְחַר וּתְקָרֵב
וּתְחַדֵּשׁ. הֲשִׁיבֵנוּ יְיָ אֵלֶיךָ וְנָשׁוּבָה. וְנַחֲטִיבְךָ בָּעוֹלָם
חֲטִיבָה וְאִם סַכּוֹתָה בֶּעָנָן לָךְ מֵעֲבוֹר תְּפִלָּה. גָּרֵשׁ
לֵץ וְיֵצֵא מָדוֹן כּוֹתֵב שִׂטְנָה וִילָלָה. וּתְשַׂמְּחֵנִי בְּגִילָה
אַחַר גִילָה. וְאִם אֵין אַתָּה עוֹשֶׂה בְּגִינִי עֲשֵׂה לְמַעַן
זְכוּת אֲבוֹתֵינוּ פְּדֵנִי וְחָנֵּנִי. הוֹשִׁיעָה יְמִינְךָ וַעֲנֵנִי.
וְיִהְיוּ לְרָצוֹן אִמְרֵי פִי וְלֹא יַחְשׁוֹב לִי שֶׁמֶץ וָדוֹפִי.
וּדְבָרַי הַמְגוּמְגָּם וּלְשׁוֹנִי הַמָּלֵא פְגַם. יִהְיוּ לְרָצוֹן
לְפָנֶיךָ כְּאִלּוּ הָיִיתִי מֵלִיץ יוֹשֶׁר מַרְבֶּה בִּשְׁבָחוֹת
וּכְתָרִים קוֹשֵׁר. וּכְמֹשֶׁה בְּשִׁירַת אָז יָשִׁיר. וּכְדָוִד
יֵחָשֵׁב לִי לִכְלֵי שִׁיר. וּכְאִלּוּ הָיִיתִי מְכֻוָּן בְּסוֹדוֹת
עֶלְיוֹנִים וְאוֹמֵר שִׁירָה עִם עִירִין וְקַדִּישִׁין שָׁרִים
וְנוֹגְנִים. וְדִלּוּגִי וְלִגְלוּגִי יִהְיוּ עָלֶיךָ אַהֲבָה כְּשֶׁבַח
וְשִׁירָה עֲרֵבָה. וַאֲנִי חָכְמָה שָׁכַנְתִּי עָרְמָה לְסַבֵּב אֶת
קִבְרֵי הַצַּדִּיקִים בַּעֲלֵי נְשָׁמָה. כְּדֵי שֶׁגַּם הַמֵּתִים
יְבַקְשׁוּ עָלַי רַחֲמִים. כִּי גַם לָהֶם הוּא לְתוֹעֶלֶת.
וְהַרְבֵּה פְּעָמִים נְשָׁמָה מִנְּשָׁמָה נֶאֱצֶלֶת. וּכְעָנָף

But since You look to the ultimate outcome from the very beginning,[31] You place Your mercy before Your judgment, and it is characteristic of You to be patient in wrath to the wicked and to the good,[32] and to grant respite, so that the stability of the world can be maintained. For God is good to all and His mercies extend over all of His works.[33] May Israel rejoice in its Creator.[34]

If my deeds have cause a separation between holy and holy,[35] choose [me], draw [me] close, and renew [me]. Return us to You, God, and we will return,[36] and we will create a regiment [of loyalty] for You in the world.[37]

If You have covered Yourself with a cloud so that prayer cannot pass, drive away the Scoffer,[38] who writes words of hatred and grief, and thus strife will be removed. Let me rejoice with ever-renewing happiness.

If you do not do this for my own sake,[39] do it in the merit of our ancestors. Redeem me and be gracious unto me. Let Your right hand deliver and answer me.[40] May the words of my mouth be acceptable;[41] do not take into account any blemish or faithlessness. May my stumbling words, nor my tongue which is utterly imperfect, and be as acceptable before You as if I were an intercessor who could recite many praises and fashion royal crowns. May my words be considered like the words of Moshe's song at the Red Sea, and like David's musical instruments. May it be considered as if my intentions mirrored the sublime mysteries, as if I were reciting Your praises with the angels and holy beings who sing and make melodies. May my inarticulate utterances be as lovingly cherished[42] as sweet praise and song.

Taking wise counsel,[43] I have come to visit the graves of the righteous, masters of their souls, so that the departed will also ask for mercy for me. For it is also of benefit for them, for there are many times when a soul emanates from another soul, attached like a branch

---

31. Cf. the hymn beginning Yigdal.
32. Cf. the Yom Kippur prayer beginning Darkecha.
33. Tehillim 145:9.
34. Op. cit. 149:2.
35. Cf. Havdalah for Yom-Tov.
36. Eichah 5:21.
37. Cf. Berachos 6a.
38. I.e., the Evil Inclination; cf. Mishlei 22:10.
39. Cf. Rashi on Shmos 18:6.
40. Cf. Tehillim 60:7.
41. Cf. op. cit. 19:15.
42. Cf. op. cit. 19:15.
43. Cf. Mishlei 8:12.

בְּאִילָן דְּבוּקָה וְכַגְּדִיל בְּשַׁלְשֶׁלֶת חֲבוּקָה. כָּאן
הַמֵּתִים יוֹרְשִׁים אֶת הַחַיִּים. לְהוֹסִיף לָהֶם מְאוֹרַיִם.
וְאַתָּה אֱלוֹהַּ סְלִיחוֹת. תִּהְיֶינָה אָזְנֶיךָ קַשּׁוּבוֹת וְעֵינֶיךָ
פְּקוּחוֹת לִשְׁמוֹעַ אֶל תְּפִלַּת עֲבָדֶיךָ הַנְּשָׁמָה
וְהָרוּחוֹת. וְאֶל הָאָדָם הַמְּבוּנֶה מֵחוּשִׁים וְכוּחוֹת
וּמַגִּיד שִׂיחוֹת. מֵעֲבוֹדָה קָשָׁה וּמִקּוֹצֶר רוּחוֹת. וְאַל
תְּשִׁיבֵנוּ רֵיקָם מִלְּפָנֶיךָ וְהָאֵר אֵלֵינוּ אֶת פָּנֶיךָ.
וְיִהְיוּ לְרָצוֹן הֶגְיוֹן פִּי וּמִלּוּלֵי לְפָנֶיךָ, יְיָ צוּרִי וְגוֹאֲלִי:

יְהִי רָצוֹן מִלְּפָנֶיךָ יְיָ אֱלֹהַי וֵאלֹהֵי אֲבוֹתַי שֶׁתְּבָרֵךְ
אֶת כָּל מַעֲשֵׂי יָדַי עַד בְּלִי דָי. וּמִיָּדְךָ הַמְּלֵאָה
תַּשְׂבִּיעֵנִי וּמֵאוֹצָרְךָ הַטּוֹב תְּמַלֵּא אֶת בֵּיתִי. וְתַצְלִיחַ
דְּרָכַי וְאוֹרְחוֹתַי. וּשְׁמוֹר רַגְלַי וּנְתִיבוֹתַי. כִּי בְּיָדְךָ
מְסוּרִים כָּל הַחַיִּים. וְיִהְיוּ מְזוֹנוֹתַי מְסוּרִים בְּיָדְךָ
וּמְתוּקִים. וְלֹא יִהְיוּ בְּיַד בְּנֵי אָדָם כִּי הֵם מָרִים וְקָשִׁים
כַּלַּעֲנָה בְּבוּשֶׁת פָּנִים מַכְלִימִים. לָכֵן בְּרַחֲמֶיךָ הָרַבִּים
תָּכִין לִי מְזוֹנוֹתַי מִיָּדְךָ הַטּוֹבָה וְהַמְּלֵאָה וְיִהְיוּ
שְׁלֵמִים. וּתְהֵא מְלַאכְתִּי לִבְרָכָה וְלֹא לַעֲנִיּוּת לְחַיִּים
וְלֹא לַמָּוֶת. וּתְזַכֵּנִי שֶׁלֹּא יִתְחַלֵּל שֵׁם שָׁמַיִם עַל יָדִי
וְאֶהְיֶה מִן הַמּוֹעִילִים וְהַמַּשְׁפִּיעִים טוֹב לְכָל אָדָם
תָּמִיד וְתַדְרִיכֵנִי בְּדֶרֶךְ יְשָׁרָה לְפָנֶיךָ וּתְנֵנִי לְחֵן
וּלְחֶסֶד וּלְרַחֲמִים וּלְרָצוֹן בְּעֵינֶיךָ וּבְעֵינֵי כָל רוֹאַי כִּי
אֵל רַחוּם וְחַנּוּן אַתָּה וְרַב חֶסֶד לְכָל קוֹרְאֶיךָ בֶּאֱמֶת.

to a tree, and clinging like a link in a chain. Here the dead inherit the living[44] to increase their light.

God of forgiveness, may Your ears be attentive and Your eyes open as You listen to the prayer of the soul and spirits of Your servants, to the prayer of man who is composed of senses and faculties, and who relates tales arising from hard work and short spirits. Do not turn us away empty-handed from You. Cause Your countenance to shine upon us. May the meditation of my mouth and my words be acceptable before You, God, my Rock and my Redeemer.[39]

יהי May it be Your will, God my Lord and Lord of my ancestors, that You bless all the work of my hands unlimitedly. Satisfy my needs from Your full hand, and from Your treasurestore of goodness fill my home. Bring success to my paths and ways. Guard my feet and my paths, for all living things have been tendered into Your hand.

May my sustenance be conveyed to me by Your hand and may it be sweet.[45] May it not be conveyed to me by the hands of mortals, for then it would be as bitter and tough as wormwood and shamefully degrading. Therefore may You, in Your abundant mercies, prepare my sustenance from Your good and full hand, and may it be complete.

May my work lead to blessing and not to poverty, to life and not to death. Grant me merit so that the name of heaven will not be desecrated by my deeds, and that I be of those who are always useful and who provide goodness to all men. Lead me on a straight path before You. Grant me favor, kindness, mercy and acceptance in Your eyes and in the eyes of all who see me, for You are a merciful and compassionate God, and abounding in kindness to all who call upon You in truth.

---

44. Cf. *Bava Basra* 117a.
45. Cf. *Rashi* on *Bereishis* 8:11.

וְאַל תְּשִׁיבֵנִי רֵיקָם מִלְּפָנֶיךָ בִּזְכוּת הַצַּדִּיקִים מָרָנָן וְרַבָּנָן הַנִּקְבָּרִים פֹּה וּבְכָל הָעוֹלָם וּבִזְכוּת תּוֹרָתָם הַקְּדוֹשָׁה וְחִדּוּשֶׁיהָ שֶׁנִּתְחַדְּשׁוּ עַל יְדֵיהֶם וּמַעֲשֵׂיהֶם הַטּוֹבִים שֶׁעָשׂוּ בָּעוֹלָם הַזֶּה. כֻּלָּם יִהְיוּ עָלַי מְלִיצֵי יוֹשֶׁר לְפָנֶיךָ וְלִפְנֵי כִסֵּא כְבוֹדֶךָ לַעֲשׂוֹת אֶת שְׁאֵלָתִי וּלְמַלְאוֹת אֶת בַּקָּשָׁתִי אֲשֶׁר עַבְדְּךָ מִתְפַּלֵּל לְפָנֶיךָ לְבִלְתִּי אָשׁוּב רֵיקָם וְאַל יְמַנְעֵנִי שׁוּם מְקַטְרֵג
מֵעַתָּה וְעַד עוֹלָם אָמֵן סֶלָה:

אחר כלותו עבודת הקודש באמרי קודש הנ"ל בבכי ובתחנונים ובמרירות הלב יקרא הפ"נ שלו על מנוחת קודש אדמו"ר נבג"מ וזיע"א.

ואח"כ יאמר מזמורים אלו:

תהלים **כה** לְדָוִד אֵלֶיךָ יְיָ נַפְשִׁי אֶשָּׂא: אֱלֹהַי בְּךָ בָטַחְתִּי אַל אֵבוֹשָׁה, אַל יַעַלְצוּ אוֹיְבַי לִי: גַּם כָּל קֹוֶיךָ לֹא יֵבֹשׁוּ, יֵבֹשׁוּ הַבּוֹגְדִים רֵיקָם: דְּרָכֶיךָ יְיָ הוֹדִיעֵנִי, אֹרְחוֹתֶיךָ לַמְּדֵנִי: הַדְרִיכֵנִי בַאֲמִתֶּךָ וְלַמְּדֵנִי כִּי אַתָּה אֱלֹהֵי יִשְׁעִי, אוֹתְךָ קִוִּיתִי כָּל הַיּוֹם: זְכֹר רַחֲמֶיךָ יְיָ וַחֲסָדֶיךָ כִּי מֵעוֹלָם הֵמָּה: חַטֹּאות נְעוּרַי וּפְשָׁעַי אַל תִּזְכֹּר כְּחַסְדְּךָ זְכָר לִי אַתָּה, לְמַעַן טוּבְךָ יְיָ: טוֹב וְיָשָׁר יְיָ עַל כֵּן יוֹרֶה חַטָּאִים בַּדָּרֶךְ: יַדְרֵךְ עֲנָוִים בַּמִּשְׁפָּט וִילַמֵּד עֲנָוִים דַּרְכּוֹ: כָּל אָרְחוֹת יְיָ חֶסֶד וֶאֱמֶת, לְנֹצְרֵי בְרִיתוֹ וְעֵדֹתָיו: לְמַעַן שִׁמְךָ יְיָ וְסָלַחְתָּ לַעֲוֹנִי כִּי רַב הוּא: מִי זֶה הָאִישׁ יְרֵא יְיָ, יוֹרֶנּוּ בְּדֶרֶךְ יִבְחָר: נַפְשׁוֹ

Do not turn me away empty-handed from You. In the merit of the righteous men, our masters and teachers, buried here and throughout the entire world, and in the merit of their study of the holy Torah, and their development of new insights, and the good deeds which they performed in this world, may they all be worthy intercessors before You and before Your throne of glory to carry out my petition and fulfill my request concerning which I, Your servant, am praying before You, so that I not be turned away empty-handed. May no accusing spiritual forces obstruct me, neither at this time, nor forever. Amen; selah.

After completing one's divine service by reciting the above prayers with tears, supplication, and a contrite heart, one should read one's note of petition (Pidyon Nefesh[46]) at the holy resting place of the Rebbes whose souls are in the sublime treasure stores, may their merit protect us. The following Psalms are then recited:

לדוד [A Psalm] by David. To You, God, I lift my soul.

My God, I have put my trust in You. May I not be put to shame; may my enemies not gloat over me.

Indeed, may all who hope in You not be put to shame; let those who act treacherously without reason be shamed.

God, make Your ways known to me; teach me Your paths.

Train me in Your truth and teach me, for You are the God of my salvation; I yearn for You all day.

God, remember Your mercies and Your kindnesses, for they have existed for all time.

Do not recall the sins of my youth, nor my transgressions; remember me in accordance with Your kindness, because of Your goodness, O God.

Good and upright is God, therefore He directs sinners in the [right] path.

He guides the humble with justice, teaching the humble His way.

All of God's paths are kindness and truth for those who observe His covenant and testimonies.

For the sake of Your name, O God, pardon my iniquity, for it is great.

Whoever is a God-fearing man, him will He teach the path that he should choose.

---

46. The term *Pidyon Nefesh* — פדיון נפש which literally mean "the ransom of the soul," is a note in which blessings are requested for its writer and possibly for additional persons, each of whom is mentioned by his/her Hebrew name and the Hebrew name of his/her mother.

בְּטוֹב תָּלִין וְזַרְעוֹ יִירַשׁ אָרֶץ: סוֹד יְיָ לִירֵאָיו,
וּבְרִיתוֹ לְהוֹדִיעָם: עֵינַי תָּמִיד אֶל יְיָ, כִּי הוּא יוֹצִיא
מֵרֶשֶׁת רַגְלָי: פְּנֵה אֵלַי וְחָנֵּנִי, כִּי יָחִיד וְעָנִי אָנִי:
צָרוֹת לְבָבִי הִרְחִיבוּ, מִמְּצוּקוֹתַי הוֹצִיאֵנִי: רְאֵה
עָנְיִי וַעֲמָלִי, וְשָׂא לְכָל חַטֹּאותָי: רְאֵה אוֹיְבַי כִּי רָבּוּ,
וְשִׂנְאַת חָמָס שְׂנֵאוּנִי: שָׁמְרָה נַפְשִׁי וְהַצִּילֵנִי, אַל
אֵבוֹשׁ כִּי חָסִיתִי בָךְ: תֹּם וָיֹשֶׁר יִצְּרוּנִי כִּי קִוִּיתִיךָ:
פְּדֵה אֱלֹהִים אֶת יִשְׂרָאֵל מִכֹּל צָרוֹתָיו:

תהלים

לד לְדָוִד בְּשַׁנּוֹתוֹ אֶת טַעְמוֹ לִפְנֵי אֲבִימֶלֶךְ,
וַיְגָרְשֵׁהוּ וַיֵּלַךְ: אֲבָרְכָה אֶת יְיָ בְּכָל עֵת, תָּמִיד
תְּהִלָּתוֹ בְּפִי: בַּייָ תִּתְהַלֵּל נַפְשִׁי, יִשְׁמְעוּ עֲנָוִים
וְיִשְׂמָחוּ: גַּדְּלוּ לַייָ אִתִּי, וּנְרוֹמְמָה שְׁמוֹ יַחְדָּו:
דָּרַשְׁתִּי אֶת יְיָ וְעָנָנִי, וּמִכָּל מְגוּרוֹתַי הִצִּילָנִי:
הִבִּיטוּ אֵלָיו וְנָהָרוּ, וּפְנֵיהֶם אַל יֶחְפָּרוּ: זֶה עָנִי קָרָא
וַייָ שָׁמֵעַ, וּמִכָּל צָרוֹתָיו הוֹשִׁיעוֹ: חֹנֶה מַלְאַךְ יְיָ,
סָבִיב לִירֵאָיו וַיְחַלְּצֵם: טַעֲמוּ וּרְאוּ כִּי טוֹב יְיָ,
אַשְׁרֵי הַגֶּבֶר יֶחֱסֶה בּוֹ: יְראוּ*אֶת יְיָ קְדֹשָׁיו, כִּי אֵין
מַחְסוֹר לִירֵאָיו: כְּפִירִים רָשׁוּ וְרָעֵבוּ, וְדֹרְשֵׁי יְיָ לֹא
יַחְסְרוּ כָל טוֹב: לְכוּ בָנִים שִׁמְעוּ לִי, יִרְאַת יְיָ
אֲלַמֶּדְכֶם: מִי הָאִישׁ הֶחָפֵץ חַיִּים, אֹהֵב יָמִים
לִרְאוֹת טוֹב: נְצֹר לְשׁוֹנְךָ מֵרָע, וּשְׂפָתֶיךָ מִדַּבֵּר
מִרְמָה: סוּר מֵרָע וַעֲשֵׂה טוֹב, בַּקֵּשׁ שָׁלוֹם
וְרָדְפֵהוּ: עֵינֵי יְיָ אֶל צַדִּיקִים, וְאָזְנָיו אֶל שַׁוְעָתָם:

*) האלף נחה.

His soul will abide in well-being, and his descendants will inherit the earth.

The secrets of God are [granted] to those who fear Him; He makes His covenant known to them.

My eyes are always turned to God, for He releases my feet from the snare.

Turn to me and be compassionate to me, for I am alone and afflicted.

The sufferings of my heart have increased; deliver me from my distresses.

Behold my affliction and suffering, and forgive all my sins.

See how numerous my enemies have become; they hate me with a violent hatred.

Guard my soul and deliver me; may I not be put to shame, for I place my trust in You.

Let integrity and uprightness guard me, for my hope is in You.

God, redeem Israel from all his afflictions.[47]

לדוד [A Psalm] by David, when he feigned insanity before Avimelech, who then drove him away, and he left.

I will bless God at all times; His praise is always in my mouth.

My soul glories in God; may the humble hear and rejoice.

Declare the greatness of God with me, and let us extol His name together.

I sought God and He answered me, and He delivered me from all my fears.

Those who look to Him are radiant; their faces are never humiliated.

This poor man called, and God heard, and delivered him from all his troubles.

The angel of God camps around those who fear Him and rescues them.

Taste and see that God is good; happy is the man who trusts in Him. Fear God, you His holy ones, for those who fear Him suffer no want.

Young lions may want and go hungry, but those who seek God will not lack any good.

Come, children, listen to me; I will teach you fear of God.

Who is the man who desires life, who loves long life in which to see good?

Guard your tongue from evil, and your lips from speaking deceitfully.

Turn away from evil and do good, seek peace and pursue it.

The eyes of God are directed toward the righteous, and His ears toward their cry.

---

47. *Tehillim 25.*

פְּנֵי יְיָ בְּעֹשֵׂי רָע, לְהַכְרִית מֵאֶרֶץ זִכְרָם: צָעֲקוּ וַייָ שָׁמֵעַ, וּמִכָּל צָרוֹתָם הִצִּילָם: קָרוֹב יְיָ לְנִשְׁבְּרֵי לֵב, וְאֶת דַּכְּאֵי רוּחַ יוֹשִׁיעַ: רַבּוֹת רָעוֹת צַדִּיק, וּמִכֻּלָּם יַצִּילֶנּוּ יְיָ: שֹׁמֵר כָּל עַצְמוֹתָיו, אַחַת מֵהֵנָּה לֹא נִשְׁבָּרָה: תְּמוֹתֵת רָשָׁע רָעָה וְשֹׂנְאֵי צַדִּיק יֶאְשָׁמוּ: פּוֹדֶה יְיָ נֶפֶשׁ עֲבָדָיו, וְלֹא יֶאְשְׁמוּ כָּל הַחֹסִים בּוֹ:

קיא תהלים הַלְלוּיָהּ, אוֹדֶה יְיָ בְּכָל לֵבָב, בְּסוֹד יְשָׁרִים וְעֵדָה: גְּדֹלִים מַעֲשֵׂי יְיָ, דְּרוּשִׁים לְכָל חֶפְצֵיהֶם: הוֹד וְהָדָר פָּעֳלוֹ, וְצִדְקָתוֹ עֹמֶדֶת לָעַד: זֵכֶר עָשָׂה לְנִפְלְאֹתָיו, חַנּוּן וְרַחוּם יְיָ: טֶרֶף נָתַן לִירֵאָיו, יִזְכֹּר לְעוֹלָם בְּרִיתוֹ: כֹּחַ מַעֲשָׂיו הִגִּיד לְעַמּוֹ, לָתֵת לָהֶם נַחֲלַת גּוֹיִם: מַעֲשֵׂי יָדָיו אֱמֶת וּמִשְׁפָּט, נֶאֱמָנִים כָּל פִּקּוּדָיו: סְמוּכִים לָעַד לְעוֹלָם, עֲשׂוּיִם בֶּאֱמֶת וְיָשָׁר: פְּדוּת שָׁלַח לְעַמּוֹ, צִוָּה לְעוֹלָם בְּרִיתוֹ, קָדוֹשׁ וְנוֹרָא שְׁמוֹ: רֵאשִׁית חָכְמָה יִרְאַת יְיָ, שֵׂכֶל טוֹב לְכָל עֹשֵׂיהֶם, תְּהִלָּתוֹ עֹמֶדֶת לָעַד:

קיב תהלים הַלְלוּיָהּ, אַשְׁרֵי אִישׁ יָרֵא אֶת יְיָ, בְּמִצְוֹתָיו חָפֵץ מְאֹד: גִּבּוֹר בָּאָרֶץ יִהְיֶה זַרְעוֹ, דּוֹר יְשָׁרִים יְבֹרָךְ: הוֹן וָעֹשֶׁר בְּבֵיתוֹ, וְצִדְקָתוֹ עֹמֶדֶת לָעַד: זָרַח בַּחֹשֶׁךְ אוֹר לַיְשָׁרִים, חַנּוּן וְרַחוּם וְצַדִּיק: טוֹב אִישׁ חוֹנֵן וּמַלְוֶה, יְכַלְכֵּל דְּבָרָיו בְּמִשְׁפָּט: כִּי לְעוֹלָם לֹא יִמּוֹט, לְזֵכֶר עוֹלָם יִהְיֶה

The wrath of God is against the evildoers, to cut off their memory from the earth.

But when they [repent and] cry out, God hears, and rescues them from all their troubles.

God is close to the broken-hearted, and delivers those with a crushed spirit.

Many are the adversities of a righteous person, but God rescues him from them all.

He protects all his bones, not one of them is broken.

Evil brings death upon the wicked, and the enemies of the righteous will be condemned.

God redeems the soul of His servants, and all who take refuge in Him will not be condemned.[48]

הללויה *Halleluyah.* I will give thanks to God with all my heart in the intimate circle of the upright and in their congregation.

Great are the works of God; they are accessible for all those who desire [to contemplate] them.

Majesty and splendor are His work; and His righteousness endures forever.

He has established a memorial for His wondrous works, for God is gracious and compassionate.

He gave food to them who fear Him, He is ever mindful of His covenant.

He has revealed the power of His works to His people, to give them the inheritance of the nations.

The works of His hands are true and just; all His mandates are faithful.

They find support forever to the end of time, for they are structured in truth and uprightness.

Redemption He sent to His people. He has commanded His covenant forever; holy and awesome is His name.

The beginning of wisdom is the fear of God. It is sound wisdom for any who practices them; his praise will endure forever.[49]

הללויה Praise God. Happy is the man who fears God, who greatly desires His commandments.

His descendants will be mighty on the earth; he shall be blessed with an upright generation.

Wealth and riches will come into his house, and his righteousness will endure forever.

For the upright, a light shines even in darkness: for [He is] gracious, merciful, and just.

A good man lends with good grace, and measures his own affairs with judgment.

For he will never falter; the righteous man will be endowed with everlasting remembrance.

---

48.   *Op. cit.* 34.
49.   *Op. cit.* 111.

צַדִּיק: מִשְּׁמוּעָה רָעָה לֹא יִירָא, נָכוֹן לִבּוֹ בָּטֻחַ
בַּייָ: סָמוּךְ לִבּוֹ לֹא יִירָא, עַד אֲשֶׁר יִרְאֶה בְצָרָיו:
פִּזַּר נָתַן לָאֶבְיוֹנִים, צִדְקָתוֹ עֹמֶדֶת לָעַד, קַרְנוֹ
תָּרוּם בְּכָבוֹד: רָשָׁע יִרְאֶה וְכָעָס, שִׁנָּיו יַחֲרֹק
וְנָמָס, תַּאֲוַת רְשָׁעִים תֹּאבֵד:

תהלים

קיט אַשְׁרֵי תְמִימֵי דָרֶךְ הַהֹלְכִים בְּתוֹרַת יְיָ: אַשְׁרֵי
נֹצְרֵי עֵדֹתָיו בְּכָל לֵב יִדְרְשׁוּהוּ: אַף לֹא פָעֲלוּ
עַוְלָה בִּדְרָכָיו הָלָכוּ: אַתָּה צִוִּיתָה פִקֻּדֶיךָ לִשְׁמֹר מְאֹד:
אַחֲלַי יִכֹּנוּ דְרָכָי לִשְׁמֹר חֻקֶּיךָ: אָז לֹא אֵבוֹשׁ בְּהַבִּיטִי
אֶל כָּל מִצְוֺתֶיךָ: אוֹדְךָ בְּיֹשֶׁר לֵבָב בְּלָמְדִי מִשְׁפְּטֵי
צִדְקֶךָ: אֶת חֻקֶּיךָ אֶשְׁמֹר אַל תַּעַזְבֵנִי עַד מְאֹד: בַּמֶּה
יְזַכֶּה נַּעַר אֶת אָרְחוֹ לִשְׁמֹר כִּדְבָרֶךָ: בְּכָל לִבִּי
דְרַשְׁתִּיךָ אַל תַּשְׁגֵּנִי מִמִּצְוֺתֶיךָ: בְּלִבִּי צָפַנְתִּי אִמְרָתֶךָ
לְמַעַן לֹא אֶחֱטָא לָךְ: בָּרוּךְ אַתָּה יְיָ לַמְּדֵנִי חֻקֶּיךָ:
בִּשְׂפָתַי סִפַּרְתִּי כֹּל מִשְׁפְּטֵי פִיךָ: בְּדֶרֶךְ עֵדְוֺתֶיךָ
שַׂשְׂתִּי כְּעַל כָּל הוֹן: בְּפִקּוּדֶיךָ אָשִׂיחָה וְאַבִּיטָה
אֹרְחֹתֶיךָ: בְּחֻקֹּתֶיךָ אֶשְׁתַּעֲשָׁע לֹא אֶשְׁכַּח דְּבָרֶךָ: גְּמֹל
עַל עַבְדְּךָ אֶחְיֶה וְאֶשְׁמְרָה דְבָרֶךָ: גַּל עֵינַי וְאַבִּיטָה
נִפְלָאוֹת מִתּוֹרָתֶךָ: גֵּר אָנֹכִי בָאָרֶץ אַל תַּסְתֵּר מִמֶּנִּי
מִצְוֺתֶיךָ: גָּרְסָה נַפְשִׁי לְתַאֲבָה אֶל מִשְׁפָּטֶיךָ בְכָל עֵת:
גָּעַרְתָּ זֵדִים אֲרוּרִים הַשֹּׁגִים מִמִּצְוֺתֶיךָ: גַּל מֵעָלַי חֶרְפָּה
וָבוּז כִּי עֵדֹתֶיךָ נָצָרְתִּי: גַּם יָשְׁבוּ שָׂרִים בִּי נִדְבָּרוּ

He will not fear bad tidings; his heart is steadfast, trusting in God.

His heart will rely [on G-d]; he will not be afraid; ultimately, he will see [the downfall of] his oppressors.

He has distributed [his wealth], giving to the needy.

His righteousness will endure forever; his horn will remain uplifted in honor.

The wicked man will see it and be angry; he will gnash his teeth and melt away; the desire of the wicked will perish.[50]

אשרי Happy are those whose way is artless, who walk in the path of the Torah of God.

Happy are they who keep His testimonies and seek Him with a whole heart.

They have not done iniquity; they walk in His ways.

You have commanded Your precepts to be observed diligently.

My wish is that my ways be directed to keep Your statutes.

Then I will not be ashamed, when I behold all Your commandments.

I will give thanks to You with uprightness of heart, when I learn Your righteous judgments.

I will keep Your statutes; do not utterly forsake me.

ב How can a young man keep his way pure? By observing Your word.

With my whole heart I have sought You; do not let me stray from Your commandments.

I have harbored Your word in my heart, that I might not sin against You.

Blessed are you, O God; teach me Your statutes.

With my lips I have declared all the judgments of Your mouth.

I have rejoiced in the way of Your testimonies, as I would with all riches.

I will speak of Your precepts, and focus on Your ways.

I will delight myself in Your statutes; I will not forget Your word.

ג Deal bountifully with Your servant, that I may live, and keep Your word.

Unveil my eyes, that I may behold wonders from Your Torah.

I am a stranger on the earth; do not hide Your commandments from me.

My soul is consumed with the longing that it continually has for Your judgments.

You have rebuked the accursed scoffers, those who stray from Your commandments.

Remove insult and contempt from me, for I have kept Your testimonies.

---

50.   *Op. cit.* 112.

עַבְדְּךָ יָשִׂיחַ בְּחֻקֶּיךָ: גַּם עֵדֹתֶיךָ שַׁעֲשֻׁעָי אַנְשֵׁי עֲצָתִי:
דָּבְקָה לֶעָפָר נַפְשִׁי חַיֵּנִי כִּדְבָרֶךָ: דְּרָכַי סִפַּרְתִּי וַתַּעֲנֵנִי
לַמְּדֵנִי חֻקֶּיךָ: דֶּרֶךְ פִּקּוּדֶיךָ הֲבִינֵנִי וְאָשִׂיחָה
בְּנִפְלְאוֹתֶיךָ: דָּלְפָה נַפְשִׁי מִתּוּגָה קַיְּמֵנִי כִּדְבָרֶךָ: דֶּרֶךְ
שֶׁקֶר הָסֵר מִמֶּנִּי וְתוֹרָתְךָ חָנֵּנִי: דֶּרֶךְ אֱמוּנָה בָחָרְתִּי
מִשְׁפָּטֶיךָ שִׁוִּיתִי: דָּבַקְתִּי בְעֵדְוֹתֶיךָ יְיָ אַל תְּבִישֵׁנִי:
דֶּרֶךְ מִצְוֹתֶיךָ אָרוּץ כִּי תַרְחִיב לִבִּי: הוֹרֵנִי יְיָ דֶּרֶךְ
חֻקֶּיךָ וְאֶצְּרֶנָּה עֵקֶב: הֲבִינֵנִי וְאֶצְּרָה תוֹרָתֶךָ וְאֶשְׁמְרֶנָּה
בְכָל לֵב: הַדְרִיכֵנִי בִּנְתִיב מִצְוֹתֶיךָ כִּי בוֹ חָפָצְתִּי: הַט
לִבִּי אֶל עֵדְוֹתֶיךָ וְאַל אֶל בָּצַע: הַעֲבֵר עֵינַי מֵרְאוֹת
שָׁוְא בִּדְרָכֶךָ חַיֵּנִי: הָקֵם לְעַבְדְּךָ אִמְרָתֶךָ אֲשֶׁר
לְיִרְאָתֶךָ: הַעֲבֵר חֶרְפָּתִי אֲשֶׁר יָגֹרְתִּי כִּי מִשְׁפָּטֶיךָ
טוֹבִים: הִנֵּה תָּאַבְתִּי לְפִקֻּדֶיךָ בְּצִדְקָתְךָ חַיֵּנִי: וִיבֹאֻנִי
חֲסָדֶךָ יְיָ תְּשׁוּעָתְךָ כְּאִמְרָתֶךָ: וְאֶעֱנֶה חֹרְפִי דָבָר כִּי
בָטַחְתִּי בִּדְבָרֶךָ: וְאַל תַּצֵּל מִפִּי דְבַר אֱמֶת עַד מְאֹד כִּי
לְמִשְׁפָּטֶךָ יִחָלְתִּי: וְאֶשְׁמְרָה תוֹרָתְךָ תָמִיד לְעוֹלָם וָעֶד:
וְאֶתְהַלְּכָה בָרְחָבָה כִּי פִקֻּדֶיךָ דָרָשְׁתִּי: וַאֲדַבְּרָה
בְעֵדֹתֶיךָ נֶגֶד מְלָכִים וְלֹא אֵבוֹשׁ: וְאֶשְׁתַּעֲשַׁע
בְּמִצְוֹתֶיךָ אֲשֶׁר אָהָבְתִּי: וְאֶשָּׂא כַפַּי אֶל מִצְוֹתֶיךָ אֲשֶׁר
אָהָבְתִּי וְאָשִׂיחָה בְחֻקֶּיךָ: זְכָר דָּבָר לְעַבְדֶּךָ עַל אֲשֶׁר
יִחַלְתָּנִי: זֹאת נֶחָמָתִי בְעָנְיִי כִּי אִמְרָתְךָ חִיָּתְנִי: זֵדִים
הֱלִיצֻנִי עַד מְאֹד מִתּוֹרָתְךָ לֹא נָטִיתִי: זָכַרְתִּי מִשְׁפָּטֶיךָ

Even when leaders have sat and spoken against me, Your servant speaks of Your statutes.

Your testimonies are also my delight; they are my counselors.

ד My soul cleaves to the dust; revive me according to Your word.

I have spoken of my ways, and You answered me; teach me Your statutes.

Allow me to understand the way of Your precepts, and I will speak of Your wonders.

My soul melts away for sorrow; sustain me according to Your word.

Remove from me the way of falsehood, and graciously bestow Your Torah upon me.

I have chosen the way of faith; Your judgments have I laid before me.

I have held fast to Your testimonies, O God; put me not to shame.

Let me run the way of Your commandments, for it expands my heart.

ה Teach me, O God, the way of Your statutes, and I will keep it to the last.

Grant me understanding and I will keep Your Torah, and I will observe it with my whole heart.

Direct me in the path of Your commandments, for this is what I desire.

Incline my heart to Your testimonies, and not to unjust gain.

Turn away my eyes from beholding vanity; give me life in Your way.

Confirm to Your servant Your word, which leads to the fear of You.

Remove my shame which I fear, for Your judgments are good.

Behold, I have longed for Your precepts; give me life in Your righteousness.

ו And let Your kindness come to fruition for me, O God, and Your promises of salvation.

I will reply to him who insults me, for I trust in Your word.

Take not the word of truth utterly out of my mouth, for I hope [to fulfill] Your judgments.

I will keep Your Torah continually for ever and ever.

And I will walk in prosperity, for I seek Your precepts.

I will also speak of Your testimonies before kings, and I will not be ashamed.

And I will delight myself in Your commandments, which I love.

My hands also will I lift up to Your commandments, which I have loved, and I will speak of Your statutes.

ז Remember the word [promised] to Your servant, whereby You have given me hope.

This is my comfort in my affliction, for Your word has revived me.

Scoffers have jeered at me extensively, yet I have not turned from Your Torah.

מֵעוֹלָם יְיָ וָאֶתְנֶחָם: זַלְעָפָה אֲחָזַתְנִי מֵרְשָׁעִים עֹזְבֵי
תּוֹרָתֶךָ: זְמִרוֹת הָיוּ לִי חֻקֶּיךָ בְּבֵית מְגוּרָי: זָכַרְתִּי
בַלַּיְלָה שִׁמְךָ יְיָ וָאֶשְׁמְרָה תּוֹרָתֶךָ: זֹאת הָיְתָה לִּי כִּי
פִקֻּדֶיךָ נָצָרְתִּי: חֶלְקִי יְיָ אָמַרְתִּי לִשְׁמֹר דְּבָרֶיךָ: חִלִּיתִי
פָנֶיךָ בְכָל לֵב חָנֵּנִי כְּאִמְרָתֶךָ: חִשַּׁבְתִּי דְרָכָי וָאָשִׁיבָה
רַגְלַי אֶל עֵדֹתֶיךָ: חַשְׁתִּי וְלֹא הִתְמַהְמָהְתִּי לִשְׁמֹר
מִצְוֹתֶיךָ: חֶבְלֵי רְשָׁעִים עִוְּדֻנִי תּוֹרָתְךָ לֹא שָׁכָחְתִּי:
חֲצוֹת לַיְלָה אָקוּם לְהוֹדוֹת לָךְ עַל מִשְׁפְּטֵי צִדְקֶךָ: חָבֵר
אָנִי לְכָל אֲשֶׁר יְרֵאוּךָ וּלְשֹׁמְרֵי פִּקּוּדֶיךָ: חַסְדְּךָ יְיָ
מָלְאָה הָאָרֶץ חֻקֶּיךָ לַמְּדֵנִי: טוֹב עָשִׂיתָ עִם עַבְדְּךָ יְיָ
כִּדְבָרֶךָ: טוּב טַעַם וָדַעַת לַמְּדֵנִי כִּי בְמִצְוֹתֶיךָ
הֶאֱמָנְתִּי: טֶרֶם אֶעֱנֶה אֲנִי שֹׁגֵג וְעַתָּה אִמְרָתְךָ שָׁמָרְתִּי:
טוֹב אַתָּה וּמֵטִיב לַמְּדֵנִי חֻקֶּיךָ: טָפְלוּ עָלַי שֶׁקֶר זֵדִים
אֲנִי בְּכָל לֵב אֶצֹּר פִּקּוּדֶיךָ: טָפַשׁ כַּחֵלֶב לִבָּם אֲנִי
תּוֹרָתְךָ שִׁעֲשָׁעְתִּי: טוֹב לִי כִי עֻנֵּיתִי לְמַעַן אֶלְמַד
חֻקֶּיךָ: טוֹב לִי תוֹרַת פִּיךָ מֵאַלְפֵי זָהָב וָכָסֶף: יָדֶיךָ
עָשׂוּנִי וַיְכוֹנְנוּנִי הֲבִינֵנִי וְאֶלְמְדָה מִצְוֹתֶיךָ: יְרֵאֶיךָ
יִרְאוּנִי וְיִשְׂמָחוּ כִּי לִדְבָרְךָ יִחָלְתִּי: יָדַעְתִּי יְיָ כִּי צֶדֶק
מִשְׁפָּטֶיךָ וֶאֱמוּנָה עִנִּיתָנִי: יְהִי נָא חַסְדְּךָ לְנַחֲמֵנִי
כְּאִמְרָתְךָ לְעַבְדֶּךָ: יְבֹאוּנִי רַחֲמֶיךָ וְאֶחְיֶה כִּי תוֹרָתְךָ
שַׁעֲשֻׁעָי: יֵבֹשׁוּ זֵדִים כִּי שֶׁקֶר עִוְּתוּנִי אֲנִי אָשִׂיחַ
בְּפִקּוּדֶיךָ: יָשׁוּבוּ לִי יְרֵאֶיךָ וְיֹדְעֵי עֵדֹתֶיךָ: יְהִי לִבִּי

When I remember Your judgments of old, O God, I take comfort.

Horror has taken hold of me because of the wicked who forsake Your Torah.

Your statutes have been my songs in the house of my wanderings.

I have remembered Your name, O God, at night, and I will keep Your Torah.

This [good portion] was my lot, because I kept Your precepts.

ח God is my portion; I pledged to keep Your words.

I sought Your countenance with my whole heart; have compassion upon me according to Your word.

I meditated on my ways, and turned my feet to Your testimonies.

I made haste, without delaying, to keep Your commandments.

Bands of wicked men robbed me, but I have not forgotten Your Torah.

At midnight, I rise to give thanks to You because of Your righteous judgments.

I am a companion to all those who fear You, and to those who keep Your precepts.

Your kindness, O God, fills the earth; teach me Your statutes.

ט You have dealt well with Your servant, O God, according to Your promise.

Teach me good discernment and knowledge, for I believe in Your commandments.

Before I was afflicted, I erred, but now I observe Your word.

You are good, and do good; teach me Your statutes.

The scoffers have smeared me with a lie, but I will keep Your precepts with my whole heart.

Their heart grew gross like fat, but I delight in Your Torah.

It is good for me that I was afflicted, so that I might learn Your statutes.

I prefer the Torah of Your mouth to thousands of [coins of] gold and silver.

י Your hands have made me and fashioned me; give me understanding, that I may learn Your commandments.

Those who fear You will see me and rejoice, because I have hoped in Your word.

I know, O God, that Your judgments are right, and that in faithfulness You have afflicted me.

Let Your kindness be my comfort, according to Your promise to Your servant.

Let Your mercies come to fruition for me, that I may live, for Your Torah is my delight.

Let the scoffers be ashamed, for with falsehood they have maligned me with guilt; I will meditate on Your precepts.

May those who fear You return to me, and those who have known Your testimonies.

תָּמִים בְּחֻקֶּיךָ לְמַעַן לֹא אֵבוֹשׁ: כָּלְתָה לִתְשׁוּעָתְךָ
נַפְשִׁי לִדְבָרְךָ יִחָלְתִּי: כָּלוּ עֵינַי לְאִמְרָתֶךָ לֵאמֹר מָתַי
תְּנַחֲמֵנִי: כִּי הָיִיתִי כְּנֹאד בְּקִיטוֹר חֻקֶּיךָ לֹא שָׁכָחְתִּי:
כַּמָּה יְמֵי עַבְדֶּךָ מָתַי תַּעֲשֶׂה בְרֹדְפַי מִשְׁפָּט: כָּרוּ לִי
זֵדִים שִׁיחוֹת אֲשֶׁר לֹא כְתוֹרָתֶךָ: כָּל מִצְוֹתֶיךָ אֱמוּנָה
שֶׁקֶר רְדָפוּנִי עָזְרֵנִי: כִּמְעַט כִּלּוּנִי בָאָרֶץ וַאֲנִי לֹא
עָזַבְתִּי פִקֻּדֶיךָ: כְּחַסְדְּךָ חַיֵּנִי וְאֶשְׁמְרָה עֵדוּת פִּיךָ:
לְעוֹלָם יְיָ דְּבָרְךָ נִצָּב בַּשָּׁמָיִם: לְדֹר וָדֹר אֱמוּנָתֶךָ
כּוֹנַנְתָּ אֶרֶץ וַתַּעֲמֹד: לְמִשְׁפָּטֶיךָ עָמְדוּ הַיּוֹם כִּי הַכֹּל
עֲבָדֶיךָ: לוּלֵי תוֹרָתְךָ שַׁעֲשֻׁעָי אָז אָבַדְתִּי בְעָנְיִי:
לְעוֹלָם לֹא אֶשְׁכַּח פִּקּוּדֶיךָ כִּי בָם חִיִּיתָנִי: לְךָ אֲנִי
הוֹשִׁיעֵנִי כִּי פִקּוּדֶיךָ דָרָשְׁתִּי: לִי קִוּוּ רְשָׁעִים לְאַבְּדֵנִי
עֵדֹתֶיךָ אֶתְבּוֹנָן: לְכָל תִּכְלָה רָאִיתִי קֵץ רְחָבָה מִצְוָתְךָ
מְאֹד: מָה אָהַבְתִּי תוֹרָתֶךָ כָּל הַיּוֹם הִיא שִׂיחָתִי:
מֵאֹיְבַי תְּחַכְּמֵנִי מִצְוֹתֶךָ כִּי לְעוֹלָם הִיא לִי: מִכָּל
מְלַמְּדַי הִשְׂכַּלְתִּי כִּי עֵדְוֹתֶיךָ שִׂיחָה לִי: מִזְּקֵנִים
אֶתְבּוֹנָן כִּי פִקֻּדֶיךָ נָצָרְתִּי: מִכָּל אֹרַח רָע כָּלִאתִי רַגְלָי
לְמַעַן אֶשְׁמֹר דְּבָרֶךָ: מִמִּשְׁפָּטֶיךָ לֹא סָרְתִּי כִּי אַתָּה
הוֹרֵתָנִי: מַה נִּמְלְצוּ לְחִכִּי אִמְרָתֶךָ מִדְּבַשׁ לְפִי:
מִפִּקּוּדֶיךָ אֶתְבּוֹנָן עַל כֵּן שָׂנֵאתִי כָּל אֹרַח שָׁקֶר: נֵר
לְרַגְלִי דְבָרֶךָ וְאוֹר לִנְתִיבָתִי: נִשְׁבַּעְתִּי וָאֲקַיֵּמָה לִשְׁמֹר
מִשְׁפְּטֵי צִדְקֶךָ: נַעֲנֵיתִי עַד מְאֹד יְיָ חַיֵּנִי כִדְבָרֶךָ:

Let my heart be sound in Your statutes, so that I be not ashamed.

כ My soul faints for Your salvation; I hope for Your promise.

My eyes fail with longing for [the fulfillment of] Your promise, saying, "When will You comfort me?"

Although I became like a wineskin [shriveling] in smoke, I did not forget Your statutes.

How many are the days of Your servant? When will You execute judgment on my pursuers?

The scoffers have dug trenches for me, in contradiction to Your Torah.

Your commandments are all faithful. With falsehood, they pursue me; help me.

They almost consumed me upon the earth, but I did not forsake Your precepts.

As befits Your kindness, grant me life; I will keep the testimony of Your mouth.

ל Forever, O God, Your word stands in the heavens.

Your faithfulness endures for all generations; You have established the earth, and it stands firm.

They stand ready today [to execute] Your judgments, for all are Your servants.

Unless Your Torah had been my delight, I would have perished in my affliction.

I will never forget Your precepts, for because of them You have maintained my life.

I am Yours, save me, for I have sought Your precepts.

The wicked have waited for me to destroy me, but I will meditate on Your testimonies.

I have seen an end to every objective; Your commandment, [in contrast,] is exceedingly broad.

מ O how I love Your Torah! It is the subject of my discussion for the entire day.

Your commandments make me wiser than my enemies, for they are ever with me.

From all my teachers I have gained wisdom, for Your testimonies are the subject of my discussion.

My understanding [will surpass] the elders, because I have kept Your precepts.

I have restrained my feet from every evil way, that I might keep Your word.

I have not turned away from Your judgments, for You have instructed me.

How sweet are Your words to my palate, sweeter than honey to my mouth!

Through Your precepts I gain understanding, therefore I hate every false way.

נ Your word is a lamp to my feet and a light to my path.

I have sworn, and I will fulfill it, to keep Your righteous judgments.

נִדְבוֹת פִּי רְצֵה נָא יְיָ וּמִשְׁפָּטֶיךָ לַמְּדֵנִי: נַפְשִׁי בְכַפִּי תָמִיד וְתוֹרָתְךָ לֹא שָׁכָחְתִּי: נָתְנוּ רְשָׁעִים פַּח לִי וּמִפִּקּוּדֶיךָ לֹא תָעִיתִי: נָחַלְתִּי עֵדְוֹתֶיךָ לְעוֹלָם כִּי שְׂשׂוֹן לִבִּי הֵמָּה: נָטִיתִי לִבִּי לַעֲשׂוֹת חֻקֶּיךָ לְעוֹלָם עֵקֶב: סֵעֲפִים שָׂנֵאתִי וְתוֹרָתְךָ אָהָבְתִּי: סִתְרִי וּמָגִנִּי אָתָּה לִדְבָרְךָ יִחָלְתִּי: סוּרוּ מִמֶּנִּי מְרֵעִים וְאֶצְּרָה מִצְוֹת אֱלֹהָי: סָמְכֵנִי כְאִמְרָתְךָ וְאֶחְיֶה וְאַל תְּבִישֵׁנִי מִשִּׂבְרִי: סְעָדֵנִי וְאִוָּשֵׁעָה וְאֶשְׁעָה בְחֻקֶּיךָ תָמִיד: סָלִיתָ כָּל שׁוֹגִים מֵחֻקֶּיךָ כִּי שֶׁקֶר תַּרְמִיתָם: סִגִים הִשְׁבַּתָּ כָל רִשְׁעֵי אָרֶץ לָכֵן אָהַבְתִּי עֵדֹתֶיךָ: סָמַר מִפַּחְדְּךָ בְשָׂרִי וּמִמִּשְׁפָּטֶיךָ יָרֵאתִי: עָשִׂיתִי מִשְׁפָּט וָצֶדֶק בַּל תַּנִּיחֵנִי לְעֹשְׁקָי: עֲרֹב עַבְדְּךָ לְטוֹב אַל יַעַשְׁקֻנִי זֵדִים: עֵינַי כָּלוּ לִישׁוּעָתֶךָ וּלְאִמְרַת צִדְקֶךָ: עֲשֵׂה עִם עַבְדְּךָ כְחַסְדֶּךָ וְחֻקֶּיךָ לַמְּדֵנִי: עַבְדְּךָ אָנִי הֲבִינֵנִי וְאֵדְעָה עֵדֹתֶיךָ: עֵת לַעֲשׂוֹת לַיְיָ הֵפֵרוּ תּוֹרָתֶךָ: עַל כֵּן אָהַבְתִּי מִצְוֹתֶיךָ מִזָּהָב וּמִפָּז: עַל כֵּן כָּל פִּקּוּדֵי כֹל יִשָּׁרְתִּי כָּל אֹרַח שֶׁקֶר שָׂנֵאתִי: פְּלָאוֹת עֵדְוֹתֶיךָ עַל כֵּן נְצָרָתַם נַפְשִׁי: פֵּתַח דְּבָרֶיךָ יָאִיר מֵבִין פְּתָיִים: פִּי פָעַרְתִּי וָאֶשְׁאָפָה כִּי לְמִצְוֹתֶיךָ יָאָבְתִּי: פְּנֵה אֵלַי וְחָנֵּנִי כְּמִשְׁפָּט לְאֹהֲבֵי שְׁמֶךָ: פְּעָמַי הָכֵן בְּאִמְרָתֶךָ וְאַל תַּשְׁלֶט בִּי כָל אָוֶן: פְּדֵנִי מֵעֹשֶׁק אָדָם וְאֶשְׁמְרָה פִּקּוּדֶיךָ: פָּנֶיךָ הָאֵר בְּעַבְדֶּךָ וְלַמְּדֵנִי אֶת חֻקֶּיךָ: פַּלְגֵי מַיִם יָרְדוּ עֵינָי עַל לֹא

I am exceedingly afflicted; grant me life, O God according to Your promise.

Please accept with favor, O God, the freewill offerings of my mouth, and teach me Your ordinances.

My soul is continually in danger, yet I have not forgotten Your Torah.

The wicked have set a snare for me, yet I have not strayed from Your precepts.

I have taken Your testimonies as an everlasting heritage, for they are the rejoicing of my heart.

I have inclined my heart to perform Your statutes forever, to the last.

ס I hate vain thoughts, but Your Torah I love.

You are my secret place and my shield, I hope in Your promise.

Evildoers, turn away from me, for I will keep the commandments of my God.

Support me according to Your promise, and I will live, and let me not be shamed because of my hope.

Support me, and I will be saved, and I will speak of Your statutes continually.

You have trampled all those who stray from Your statutes, for their deceit is false.

You have purged all the wicked of the earth like dross, therefore I love Your testimonies.

My flesh shudders for fear of You, and I am in awe of Your judgments.

ע I have performed justice and righteousness; leave me not to my oppressors.

Guarantee Your servant goodness; let not the scoffers oppress me.

My eyes fail with longing for Your salvation, and for the word of Your righteousness.

Treat Your servant according to Your kindness, and teach me Your statutes.

I am Your servant; grant me understanding, that I may know Your testimonies.

It is time to act for God; they have abrogated Your Torah.

Therefore I love Your commandments more than gold; yea, above fine gold.

Therefore I esteem the validity of all Your precepts; I have hated every false way.

פ Your testimonies are wondrous, therefore my soul observes them.

The unfolding of Your words provides light; it gives understanding to the simple.

I opened my mouth and swallowed, because I long for Your commandments.

Turn to me and be gracious to me, as befits those who love Your name.

Order my steps in Your word, and do not grant any iniquity dominion over me.

Deliver me from the oppression of man, and I will keep Your precepts.

Let Your face shine upon Your servant, and teach me Your statutes.

שָׁמָרוּ תוֹרָתֶךָ: צַדִּיק אַתָּה יְיָ וְיָשָׁר מִשְׁפָּטֶיךָ: צִוִּיתָ
צֶדֶק עֵדֹתֶיךָ וֶאֱמוּנָה מְאֹד: צִמְּתַתְנִי קִנְאָתִי כִּי שָׁכְחוּ
דְבָרֶיךָ צָרָי: צְרוּפָה אִמְרָתְךָ מְאֹד וְעַבְדְּךָ אֲהֵבָהּ:
צָעִיר אָנֹכִי וְנִבְזֶה פִּקֻּדֶיךָ לֹא שָׁכָחְתִּי: צִדְקָתְךָ צֶדֶק
לְעוֹלָם וְתוֹרָתְךָ אֱמֶת: צַר וּמָצוֹק מְצָאוּנִי מִצְוֹתֶיךָ
שַׁעֲשֻׁעָי: צֶדֶק עֵדְוֹתֶיךָ לְעוֹלָם הֲבִינֵנִי וְאֶחְיֶה: קָרָאתִי
בְכָל לֵב עֲנֵנִי יְיָ חֻקֶּיךָ אֶצֹּרָה: קְרָאתִיךָ הוֹשִׁיעֵנִי
וְאֶשְׁמְרָה עֵדֹתֶיךָ: קִדַּמְתִּי בַנֶּשֶׁף וָאֲשַׁוֵּעָה לִדְבָרְךָ
יִחָלְתִּי: קִדְּמוּ עֵינַי אַשְׁמֻרוֹת לָשִׂיחַ בְּאִמְרָתֶךָ: קוֹלִי
שִׁמְעָה כְחַסְדֶּךָ יְיָ כְּמִשְׁפָּטֶךָ חַיֵּנִי: קָרְבוּ רֹדְפֵי זִמָּה
מִתּוֹרָתְךָ רָחָקוּ: קָרוֹב אַתָּה יְיָ וְכָל מִצְוֹתֶיךָ אֱמֶת: קֶדֶם
יָדַעְתִּי מֵעֵדֹתֶיךָ כִּי לְעוֹלָם יְסַדְתָּם: רְאֵה עָנְיִי וְחַלְּצֵנִי
כִּי תוֹרָתְךָ לֹא שָׁכָחְתִּי: רִיבָה רִיבִי וּגְאָלֵנִי לְאִמְרָתְךָ
חַיֵּנִי: רָחוֹק מֵרְשָׁעִים יְשׁוּעָה כִּי חֻקֶּיךָ לֹא דָרָשׁוּ:
רַחֲמֶיךָ רַבִּים יְיָ כְּמִשְׁפָּטֶיךָ חַיֵּנִי: רַבִּים רֹדְפַי וְצָרָי
מֵעֵדְוֹתֶיךָ לֹא נָטִיתִי: רָאִיתִי בֹגְדִים וָאֶתְקוֹטָטָה אֲשֶׁר
אִמְרָתְךָ לֹא שָׁמָרוּ: רְאֵה כִּי פִקּוּדֶיךָ אָהָבְתִּי יְיָ כְּחַסְדְּךָ
חַיֵּנִי: רֹאשׁ דְּבָרְךָ אֱמֶת וּלְעוֹלָם כָּל מִשְׁפַּט צִדְקֶךָ:
שָׂרִים רְדָפוּנִי חִנָּם וּמִדְּבָרְךָ פָּחַד לִבִּי: שָׂשׂ אָנֹכִי עַל
אִמְרָתֶךָ כְּמוֹצֵא שָׁלָל רָב: שֶׁקֶר שָׂנֵאתִי וָאֲתַעֵבָה
תּוֹרָתְךָ אָהָבְתִּי: שֶׁבַע בַּיּוֹם הִלַּלְתִּיךָ עַל מִשְׁפְּטֵי
צִדְקֶךָ: שָׁלוֹם רָב לְאֹהֲבֵי תוֹרָתֶךָ וְאֵין לָמוֹ מִכְשׁוֹל:

Rivers of water run down from my eyes, because they do not keep Your Torah.

צ Righteous are you, O God, and Your judgments are upright.

You have ordained Your testimonies in righteousness and in great faithfulness.

My zeal consumes me, because my enemies have forgotten Your words.

Your word is very pure, and Your servant loves it.

I am young and despised, yet I do not forget Your precepts.

Your righteousness is an everlasting righteousness, and Your Torah is truth.

Trouble and anguish have taken hold of me, yet Your commandments are my delights.

Your testimonies are righteous forever; give me understanding, and I will live.

ק I call out with my whole heart; answer me, O God; I will keep Your statutes.

I call out to You; save me, and I will observe Your testimonies.

I rise before dawn, and I cry out; my hope is in Your word.

My eyes open before the night watches, that I may speak of Your sayings.

Hear my voice in keeping with Your kindness; O God, grant me life as is Your practice.

Those who pursue mischief draw near; they are far from Your Torah.

You are near, O God, and all Your commandments are truth.

I have known of old of Your testimonies, for You have founded them for all time.

ר Behold my affliction, and deliver me, for I have not forgotten Your Torah.

Wage my battle, and redeem me; grant me life for the sake of Your word.

Salvation is far from the wicked, for they seek not Your statutes.

Your mercies are great, O God; grant me life as is Your practice.

My pursuers and my enemies are many, yet I did not turn away from Your testimonies.

I behold transgressors, and I quarreled [with them], because they keep not Your words.

Behold how I love Your precepts; grant me life, O God, according to Your kindness.

The beginning of Your word is truth, and every one of Your righteous judgments endures for ever.

ש Rulers have pursued me without cause, but it is Your word my heart fears.

I rejoice at Your word, like one who finds great spoil.

I hate and abhor falsehood, but Your Torah I love.

Seven times a day I praise You because of Your righteous judgments.

Those who love Your Torah have abundant peace; nothing can make them stumble.

שִׂבַּרְתִּי לִישׁוּעָתְךָ יְיָ וּמִצְוֺתֶיךָ עָשִׂיתִי׃ שָׁמְרָה נַפְשִׁי
עֵדֹתֶיךָ וָאֹהֲבֵם מְאֹד׃ שָׁמַרְתִּי פִקּוּדֶיךָ וְעֵדֹתֶיךָ כִּי כָל
דְּרָכַי נֶגְדֶּךָ׃ תִּקְרַב רִנָּתִי לְפָנֶיךָ יְיָ כִּדְבָרְךָ הֲבִינֵנִי׃
תָּבוֹא תְּחִנָּתִי לְפָנֶיךָ כְּאִמְרָתְךָ הַצִּילֵנִי׃ תַּבַּעְנָה שְׂפָתַי
תְּהִלָּה כִּי תְלַמְּדֵנִי חֻקֶּיךָ׃ תַּעַן לְשׁוֹנִי אִמְרָתֶךָ כִּי כָל
מִצְוֺתֶיךָ צֶּדֶק׃ תְּהִי יָדְךָ לְעָזְרֵנִי כִּי פִקּוּדֶיךָ בָחָרְתִּי׃
תָּאַבְתִּי לִישׁוּעָתְךָ יְיָ וְתוֹרָתְךָ שַׁעֲשֻׁעָי׃ תְּחִי נַפְשִׁי
וּתְהַלְלֶךָּ וּמִשְׁפָּטֶךָ יַעֲזְרֻנִי׃ תָּעִיתִי כְּשֶׂה אֹבֵד בַּקֵּשׁ
עַבְדֶּךָ כִּי מִצְוֺתֶיךָ לֹא שָׁכָחְתִּי׃

תהלים
קכ שִׁיר הַמַּעֲלוֹת אֶל יְיָ בַּצָּרָתָה לִּי קָרָאתִי וַיַּעֲנֵנִי׃ יְיָ
הַצִּילָה נַפְשִׁי מִשְּׂפַת שֶׁקֶר מִלָּשׁוֹן רְמִיָּה׃ מַה
יִּתֵּן לְךָ וּמַה יֹּסִיף לָךְ לָשׁוֹן רְמִיָּה׃ חִצֵּי גִבּוֹר שְׁנוּנִים
עִם גַּחֲלֵי רְתָמִים׃ אוֹיָה לִי כִּי גַרְתִּי מֶשֶׁךְ שָׁכַנְתִּי עִם
אָהֳלֵי קֵדָר׃ רַבַּת שָׁכְנָה לָּהּ נַפְשִׁי עִם שׂוֹנֵא שָׁלוֹם׃
אֲנִי שָׁלוֹם וְכִי אֲדַבֵּר הֵמָּה לַמִּלְחָמָה׃

תהלים
קכא שִׁיר לַמַּעֲלוֹת, אֶשָּׂא עֵינַי אֶל הֶהָרִים, מֵאַיִן
יָבֹא עֶזְרִי׃ עֶזְרִי מֵעִם יְיָ, עֹשֵׂה שָׁמַיִם וָאָרֶץ׃
אַל יִתֵּן לַמּוֹט רַגְלֶךָ, אַל יָנוּם שֹׁמְרֶךָ׃ הִנֵּה לֹא יָנוּם
וְלֹא יִישָׁן, שׁוֹמֵר יִשְׂרָאֵל׃ יְיָ שֹׁמְרֶךָ, יְיָ צִלְּךָ עַל יַד
יְמִינֶךָ׃ יוֹמָם הַשֶּׁמֶשׁ לֹא יַכֶּכָּה, וְיָרֵחַ בַּלָּיְלָה׃ יְיָ
יִשְׁמָרְךָ מִכָּל רָע, יִשְׁמֹר אֶת נַפְשֶׁךָ׃ יְיָ יִשְׁמָר צֵאתְךָ
וּבוֹאֶךָ, מֵעַתָּה וְעַד עוֹלָם׃

I have hoped for Your salvation, O God, and I have practiced Your commandments.

My soul has kept Your testimonies, and I love them exceedingly.

I have kept Your precepts and Your testimonies, for all my ways are before You.

ת Let my song of praise approach Your presence, O God; grant me understanding according to Your word.

Let my supplication come before You; save me according to Your promise.

My lips will utter praise, for You have taught me Your statutes.

My tongue will echo Your word, for all Your commandments are just.

Let Your hand provide assistance for me, for I have chosen Your precepts.

I long for Your salvation, O God, and Your Torah is my delight.

Let my soul live, and it will praise You, and let Your judgment help me.

I have gone astray like a lost sheep; seek out Your servant, for I have not forgotten Your commandments.[51]

שיר A Song of Ascents. I have called out to God in distress and He answered me. O God, rescue my soul from the lips of falsehood, from a deceitful tongue. What will it give to you, and what increase will it bring you, O deceitful tongue? [You resemble] the sharp arrows of a mighty one, and the coals of broom-wood. Woe unto me that I had sojourned among Meshech, that I had dwelt beside the tents of Kedar. Too long has my soul dwelt among those who hate peace. I am for peace, but when I speak, they are for war.[52]

שיר A Song of Ascents. I lift my eyes to the mountains, from where will my help come? My help will come from God, Maker of heaven and earth. He will not let your foot falter; your Guardian does not slumber. Behold, the Guardian of Israel neither slumbers nor sleeps. God is your guardian; God is your protective shadow at your right hand. The sun will not harm you by day, nor the moon by night. God will guard you from all evil; He will guard your soul. God will guard your departure and Your arrival from now and for all time.[53]

---

51. *Op. cit.* 119.
52. *Op. cit.* 120.
53. *Op. cit.* 121.

תהלים
קכב שִׁיר הַמַּעֲלוֹת לְדָוִד, שָׂמַחְתִּי בְּאֹמְרִים לִי,
בֵּית יְיָ נֵלֵךְ: עֹמְדוֹת הָיוּ רַגְלֵינוּ, בִּשְׁעָרַיִךְ
יְרוּשָׁלָיִם: יְרוּשָׁלַיִם הַבְּנוּיָה, כְּעִיר שֶׁחֻבְּרָה לָּהּ יַחְדָּו:
שֶׁשָּׁם עָלוּ שְׁבָטִים שִׁבְטֵי יָהּ עֵדוּת לְיִשְׂרָאֵל, לְהוֹדוֹת
לְשֵׁם יְיָ: כִּי שָׁמָּה יָשְׁבוּ כִסְאוֹת לְמִשְׁפָּט, כִּסְאוֹת
לְבֵית דָּוִד: שַׁאֲלוּ שְׁלוֹם יְרוּשָׁלָיִם, יִשְׁלָיוּ אֹהֲבָיִךְ: יְהִי
שָׁלוֹם בְּחֵילֵךְ, שַׁלְוָה בְּאַרְמְנוֹתָיִךְ: לְמַעַן אַחַי וְרֵעָי,
אֲדַבְּרָה נָּא שָׁלוֹם בָּךְ: לְמַעַן בֵּית יְיָ אֱלֹהֵינוּ אֲבַקְשָׁה
טוֹב לָךְ:

תהלים
קכג שִׁיר הַמַּעֲלוֹת, אֵלֶיךָ נָשָׂאתִי אֶת עֵינַי, הַיֹּשְׁבִי
בַּשָּׁמָיִם: הִנֵּה כְעֵינֵי עֲבָדִים אֶל יַד אֲדוֹנֵיהֶם,
כְּעֵינֵי שִׁפְחָה אֶל יַד גְּבִרְתָּהּ, כֵּן עֵינֵינוּ אֶל יְיָ אֱלֹהֵינוּ,
עַד שֶׁיְּחָנֵּנוּ: חָנֵּנוּ יְיָ חָנֵּנוּ, כִּי רַב שָׂבַעְנוּ בוּז: רַבַּת
שָׂבְעָה לָּהּ נַפְשֵׁנוּ הַלַּעַג הַשַּׁאֲנַנִּים, הַבּוּז לִגְאֵי יוֹנִים:

תהלים
קכד שִׁיר הַמַּעֲלוֹת לְדָוִד, לוּלֵי יְיָ שֶׁהָיָה לָנוּ, יֹאמַר
נָא יִשְׂרָאֵל: לוּלֵי יְיָ שֶׁהָיָה לָנוּ, בְּקוּם עָלֵינוּ
אָדָם: אֲזַי חַיִּים בְּלָעוּנוּ, בַּחֲרוֹת אַפָּם בָּנוּ: אֲזַי הַמַּיִם
שְׁטָפוּנוּ, נַחְלָה עָבַר עַל נַפְשֵׁנוּ: אֲזַי עָבַר עַל נַפְשֵׁנוּ,
הַמַּיִם הַזֵּידוֹנִים: בָּרוּךְ יְיָ, שֶׁלֹּא נְתָנָנוּ טֶרֶף לְשִׁנֵּיהֶם:
נַפְשֵׁנוּ כְּצִפּוֹר נִמְלְטָה מִפַּח יוֹקְשִׁים, הַפַּח נִשְׁבָּר
וַאֲנַחְנוּ נִמְלָטְנוּ: עֶזְרֵנוּ בְּשֵׁם יְיָ, עֹשֵׂה שָׁמַיִם וָאָרֶץ:

שיר A Song of Ascents by David. I was happy when they said to me, "Let us go to the House of God." Our feet were standing within your gates, O Jerusalem, Jerusalem that is built like a city in which [all Israel] is united together. For there the tribes ascended, the tribes of God, Israel's witness, to offer praise to the name of God. For there sat the seats of justice, the thrones of the House of David. Pray for the peace of Jerusalem; may those who love you be tranquil. May there be peace within your walls, serenity within your palaces. For the sake of my brethren and friends, I ask that there be peace within you. For the sake of the House of God our Lord, I seek your well-being.[54]

שיר A Song of Ascents. To You have I lifted my eyes, You Who are enthroned in heaven. Indeed, as the eyes of servants are turned to the hand of their masters, as the eyes of a maidservant to the hand of her mistress, so are our eyes turned to God our Lord, until He will be gracious to us. Be gracious to us, God, be gracious to us, for we are fully sated with humiliation. Our soul has been fully sated with the mockery of the complacent, with the scorn of the arrogant.[55]

שיר A Song of Ascents by David. Were it not for God who was with us, let Israel declare, were it not for God Who was with us when men rose up against us, then they would have swallowed us alive when their anger raged against us. Then the waters would have inundated us, the torrent would have swept over our soul; then the raging waters would have surged over our soul. Blessed is God who did not permit us to be prey for their teeth. Our soul is like a bird which has escaped from the hunter's snare; the snare broke and we escaped. Our help is in the name of God, the Maker of heaven and earth.[56]

---

54. *Op. cit.* 122.
55. *Op. cit.* 123.
56. *Op. cit.* 124.

תהלים
קכה שִׁיר הַמַּעֲלוֹת הַבֹּטְחִים בַּיְיָ כְּהַר צִיּוֹן לֹא יִמּוֹט
לְעוֹלָם יֵשֵׁב: יְרוּשָׁלַיִם הָרִים סָבִיב לָהּ וַיְיָ
סָבִיב לְעַמּוֹ מֵעַתָּה וְעַד עוֹלָם: כִּי לֹא יָנוּחַ שֵׁבֶט
הָרֶשַׁע עַל גּוֹרַל הַצַּדִּיקִים לְמַעַן לֹא יִשְׁלְחוּ הַצַּדִּיקִים
בְּעַוְלָתָה יְדֵיהֶם: הֵיטִיבָה יְיָ לַטּוֹבִים וְלִישָׁרִים
בְּלִבּוֹתָם: וְהַמַּטִּים עֲקַלְקַלּוֹתָם יוֹלִיכֵם יְיָ אֶת פֹּעֲלֵי
הָאָוֶן שָׁלוֹם עַל יִשְׂרָאֵל:

תהלים
קכו שִׁיר הַמַּעֲלוֹת בְּשׁוּב יְיָ אֶת שִׁיבַת צִיּוֹן הָיִינוּ
כְּחֹלְמִים: אָז יִמָּלֵא שְׂחוֹק פִּינוּ וּלְשׁוֹנֵנוּ רִנָּה,
אָז יֹאמְרוּ בַגּוֹיִם הִגְדִּיל יְיָ לַעֲשׂוֹת עִם אֵלֶּה: הִגְדִּיל יְיָ
לַעֲשׂוֹת עִמָּנוּ הָיִינוּ שְׂמֵחִים: שׁוּבָה יְיָ אֶת שְׁבִיתֵנוּ
כַּאֲפִיקִים בַּנֶּגֶב: הַזֹּרְעִים בְּדִמְעָה בְּרִנָּה יִקְצֹרוּ: הָלוֹךְ
יֵלֵךְ | וּבָכֹה נֹשֵׂא מֶשֶׁךְ הַזָּרַע בֹּא יָבֹא בְרִנָּה נֹשֵׂא
אֲלֻמֹּתָיו:

תהלים
קכז שִׁיר הַמַּעֲלוֹת לִשְׁלֹמֹה אִם יְיָ לֹא יִבְנֶה בַיִת
שָׁוְא עָמְלוּ בוֹנָיו בּוֹ אִם יְיָ לֹא יִשְׁמָר עִיר שָׁוְא
שָׁקַד שׁוֹמֵר: שָׁוְא לָכֶם מַשְׁכִּימֵי קוּם מְאַחֲרֵי שֶׁבֶת
אֹכְלֵי לֶחֶם הָעֲצָבִים כֵּן יִתֵּן לִידִידוֹ שֵׁנָא: הִנֵּה נַחֲלַת
יְיָ בָּנִים שָׂכָר פְּרִי הַבָּטֶן: כְּחִצִּים בְּיַד גִּבּוֹר כֵּן בְּנֵי
הַנְּעוּרִים: אַשְׁרֵי הַגֶּבֶר אֲשֶׁר מִלֵּא אֶת אַשְׁפָּתוֹ מֵהֶם
לֹא יֵבֹשׁוּ כִּי יְדַבְּרוּ אֶת אוֹיְבִים בַּשָּׁעַר:

שיר A Song of Ascents. Those who trust in God are as Mount
Zion which never falters, but abides forever. Mountains surround
Jerusalem, and God surrounds His people from this time and
forever. For the rod of wickedness will never come to rest upon
the lot of the righteous; therefore the righteous need not stretch
their hand to iniquity. Be beneficent, O God, to the good and to
those who are upright in their hearts. But as for those that turn to
their perverseness, may God lead them with the workers of
iniquity. Peace be upon Israel.[57]

שיר A Song of Ascents. When God will return the exiles of
Zion, we will have been like dreamers. Then our mouths will be
filled with laughter, and our tongues with songs of joy. Then will
they say among the nations, "God has done great things for these."
God has done great things for us; we were joyful. God, return our
exiles as streams to arid soil. Those who sow in tears will reap with
songs of joy. He goes along weeping, carrying the bag of seed; he
will surely return with songs of joy, carrying his sheaves.[58]

שיר A Song of Ascents by Solomon. If God does not build a
house, then its builders labor upon it in vain. If God will not
guard a city, the vigilance of its watchman is in vain. It is in vain
for you, you who rise early, who sit up late, and who eat the bread
of tension, for in fact He gives His loved ones sleep. Behold, the
heritage of God is children; the fruit of the womb is a reward. As
arrows in the hand of a mighty man, so are the children of youth.
Happy is the man who has his quiver full of them; they will not
find themselves shamed when they speak with enemies in public
places.[59]

---

57. *Op. cit.* 125.
58. *Op. cit.* 126.
59. *Op. cit.* 127.

תהלים

קכח שִׁיר הַמַּעֲלוֹת אַשְׁרֵי כָּל יְרֵא יְיָ הַהֹלֵךְ
בִּדְרָכָיו: יְגִיעַ כַּפֶּיךָ כִּי תֹאכֵל אַשְׁרֶיךָ וְטוֹב
לָךְ: אֶשְׁתְּךָ כְּגֶפֶן פּוֹרִיָּה בְּיַרְכְּתֵי בֵיתֶךָ בָּנֶיךָ כִּשְׁתִלֵי
זֵיתִים סָבִיב לְשֻׁלְחָנֶךָ: הִנֵּה כִי כֵן יְבֹרַךְ גָּבֶר יְרֵא יְיָ:
יְבָרֶכְךָ יְיָ מִצִּיּוֹן וּרְאֵה בְּטוּב יְרוּשָׁלָיִם
כֹּל יְמֵי חַיֶּיךָ: וּרְאֵה בָנִים לְבָנֶיךָ שָׁלוֹם עַל יִשְׂרָאֵל:

תהלים

קכט שִׁיר הַמַּעֲלוֹת רַבַּת צְרָרוּנִי מִנְּעוּרָי יֹאמַר נָא
יִשְׂרָאֵל: רַבַּת צְרָרוּנִי מִנְּעוּרָי גַּם לֹא יָכְלוּ לִי:
עַל גַּבִּי חָרְשׁוּ חֹרְשִׁים הֶאֱרִיכוּ לְמַעֲנִיתָם: יְיָ צַדִּיק
קִצֵּץ עֲבוֹת רְשָׁעִים: יֵבֹשׁוּ וְיִסֹּגוּ אָחוֹר כֹּל שֹׂנְאֵי צִיּוֹן:
יִהְיוּ כַּחֲצִיר גַּגּוֹת שֶׁקַּדְמַת שָׁלַף יָבֵשׁ: שֶׁלֹּא מִלֵּא כַפּוֹ
קוֹצֵר וְחִצְנוֹ מְעַמֵּר: וְלֹא אָמְרוּ הָעֹבְרִים בִּרְכַּת יְיָ
אֲלֵיכֶם בֵּרַכְנוּ אֶתְכֶם בְּשֵׁם יְיָ:

תהלים

קל שִׁיר הַמַּעֲלוֹת מִמַּעֲמַקִּים קְרָאתִיךָ יְיָ: אֲדֹנָי
שִׁמְעָה בְקוֹלִי תִּהְיֶינָה אָזְנֶיךָ קַשֻּׁבוֹת לְקוֹל
תַּחֲנוּנָי: אִם עֲוֹנוֹת תִּשְׁמָר יָהּ אֲדֹנָי מִי יַעֲמֹד: כִּי עִמְּךָ
הַסְּלִיחָה לְמַעַן תִּוָּרֵא: קִוִּיתִי יְיָ קִוְּתָה נַפְשִׁי וְלִדְבָרוֹ
הוֹחָלְתִּי: נַפְשִׁי לַאדֹנָי מִשֹּׁמְרִים לַבֹּקֶר שֹׁמְרִים
לַבֹּקֶר: יַחֵל יִשְׂרָאֵל אֶל יְיָ כִּי עִם יְיָ הַחֶסֶד וְהַרְבֵּה עִמּוֹ
פְדוּת: וְהוּא יִפְדֶּה אֶת יִשְׂרָאֵל מִכֹּל עֲוֹנוֹתָיו:

תהלים

קלא שִׁיר הַמַּעֲלוֹת לְדָוִד יְיָ לֹא גָבַהּ לִבִּי וְלֹא רָמוּ
עֵינַי וְלֹא הִלַּכְתִּי בִּגְדֹלוֹת וּבְנִפְלָאוֹת מִמֶּנִּי:

שיר A Song of Ascents. Happy is every man who fears God, who walks in His ways. When you eat of the labor of your hands, you will be happy, and you will have goodness. Your wife will be like a fruitful vine in the inner chambers of your house; your children will be like olive saplings around about your table. Behold, so will be blessed the man who fears God. May God bless you out of Zion, and may you see the goodness of Jerusalem all the days of your life. And may you see children [born] to your children, peace upon Israel.[60]

שיר A Song of Ascents. Much have they persecuted me from my youth on. Let Israel declare it now: "Much have they persecuted me from my youth on, [but] they have not prevailed against me." The plowmen plowed upon my back; they wished to make their furrow long. But God is just; He cut the cords of the lawless. They will be humiliated and will be turned back, all the haters of Zion. They will be as grass upon the rooftops that withers before one plucks it, wherewith the reaper has never filled his hand, nor the sheaf-binder his arm. And the passers-by never have said: "The blessing of God be upon you; we bless you in the name of God."[61]

שיר A Song of Ascents. Out of the depths I call to You, O God. My God, hearken to my voice; let Your ears be attentive to the sound of my pleas. God, if You were to preserve iniquities, my Lord, who could survive? But forgiveness is with You, that You may be held in awe. I hope in God; my soul hopes, and I long for His word. My soul yearns for God more than those awaiting the morning wait for the morning. Israel, put your hope in God, for with God there is kindness; with Him there is abounding deliverance. And He will redeem Israel from all its iniquities.[62]

שיר A Song of Ascents, by David. O God, my heart was not proud, nor were my eyes haughty; I did not seek matters that were

---

60. *Op. cit.* 128.
61. *Op. cit.* 129.
62. *Op. cit.* 130.

אִם לֹא שִׁוִּיתִי וְדוֹמַמְתִּי נַפְשִׁי כְּגָמֻל עֲלֵי אִמּוֹ כַּגָּמֻל
עָלַי נַפְשִׁי: יַחֵל יִשְׂרָאֵל אֶל יְיָ מֵעַתָּה וְעַד עוֹלָם:

תהלים
קלב שִׁיר הַמַּעֲלוֹת זְכוֹר יְיָ לְדָוִד אֵת כָּל עֻנּוֹתוֹ:
אֲשֶׁר נִשְׁבַּע לַייָ נָדַר לַאֲבִיר יַעֲקֹב: אִם אָבֹא
בְּאֹהֶל בֵּיתִי אִם אֶעֱלֶה עַל עֶרֶשׂ יְצוּעָי: אִם אֶתֵּן שְׁנַת
לְעֵינָי לְעַפְעַפַּי תְּנוּמָה: עַד אֶמְצָא מָקוֹם לַייָ
מִשְׁכָּנוֹת לַאֲבִיר יַעֲקֹב: הִנֵּה שְׁמַעֲנוּהָ בְאֶפְרָתָה
מְצָאנוּהָ בִּשְׂדֵי יָעַר: נָבוֹאָה לְמִשְׁכְּנוֹתָיו נִשְׁתַּחֲוֶה
לַהֲדֹם רַגְלָיו: קוּמָה יְיָ לִמְנוּחָתֶךָ אַתָּה וַאֲרוֹן עֻזֶּךָ:
כֹּהֲנֶיךָ יִלְבְּשׁוּ צֶדֶק וַחֲסִידֶיךָ יְרַנֵּנוּ: בַּעֲבוּר דָּוִד
עַבְדֶּךָ אַל תָּשֵׁב פְּנֵי מְשִׁיחֶךָ: נִשְׁבַּע יְיָ לְדָוִד אֱמֶת לֹא
יָשׁוּב מִמֶּנָּה מִפְּרִי בִטְנְךָ אָשִׁית לְכִסֵּא לָךְ: אִם
יִשְׁמְרוּ בָנֶיךָ בְּרִיתִי וְעֵדֹתִי זוֹ אֲלַמְּדֵם גַּם בְּנֵיהֶם עֲדֵי
עַד יֵשְׁבוּ לְכִסֵּא לָךְ: כִּי בָחַר יְיָ בְּצִיּוֹן אִוָּהּ לְמוֹשָׁב לוֹ:
זֹאת מְנוּחָתִי עֲדֵי עַד פֹּה אֵשֵׁב כִּי אִוִּתִיהָ: צֵידָהּ בָּרֵךְ
אֲבָרֵךְ אֶבְיוֹנֶיהָ אַשְׂבִּיעַ לָחֶם: וְכֹהֲנֶיהָ אַלְבִּישׁ יֶשַׁע
וַחֲסִידֶיהָ רַנֵּן יְרַנֵּנוּ: שָׁם אַצְמִיחַ קֶרֶן לְדָוִד עָרַכְתִּי נֵר
לִמְשִׁיחִי: אוֹיְבָיו אַלְבִּישׁ בֹּשֶׁת וְעָלָיו יָצִיץ נִזְרוֹ:

תהלים
קלג שִׁיר הַמַּעֲלוֹת לְדָוִד הִנֵּה מַה טּוֹב וּמַה נָּעִים
שֶׁבֶת אַחִים גַּם יָחַד: כַּשֶּׁמֶן הַטּוֹב עַל הָרֹאשׁ
יֹרֵד עַל הַזָּקָן זְקַן אַהֲרֹן שֶׁיֹּרֵד עַל פִּי מִדּוֹתָיו: כְּטַל
חֶרְמוֹן שֶׁיֹּרֵד עַל הַרְרֵי צִיּוֹן כִּי שָׁם צִוָּה יְיָ אֶת הַבְּרָכָה
חַיִּים עַד הָעוֹלָם:

too great and too wondrous for me. Surely I put my soul at peace and soothed it like a weaned child with his mother; my soul was like a weaned child. Let Israel hope in God from this time forth and forever.[63]

שיר A Song of Ascents. O God, remember unto David all his suffering, how he swore to God, and vowed to the Mighty Power of Jacob: "I will not enter into the tent of my house; I will not go up into the bed that is spread for me; I will not give sleep to my eyes, nor slumber to my eyelids; — until I will have found a place for God, a resting place for the Mighty Power of Jacob."

Lo, we heard of it in Ephrat; we found it in the field of the forest. We will come to His resting places; we will prostrate ourselves at His footstool.

Ascend, O God, to Your resting place, You and the ark of Your might. May Your priests clothe themselves in righteousness, and may Your pious ones sing joyous songs.

For the sake of David Your servant, turn not away the face of Your anointed.

For God has sworn to David a truth from which He will never retreat: "A son of yours, the fruit of your body, will I set for you upon the throne. If your sons will keep My covenant and this My testimony which I will teach them, then their sons, too, will sit on the throne for you until the end of time. For God has chosen Zion; He has desired it for His habitation. This is My resting place to the end of time. Here will I dwell, for I have desired it. I will abundantly bless her sustenance; I will satisfy her needy with bread. I will clothe her priests with salvation, and her pious ones will sing joyous songs. There I will cause David's standard to sprout; there I have prepared a lamp for Mine anointed. His enemies will I clothe with shame, but upon him, his crown will blossom."[64]

שיר A Song of Ascents, by David. Behold, how good and how pleasant it is when brothers dwell together. Like the precious oil placed upon the head, flowing [in abundance] down the beard, the beard of Aaron which rests upon his garments. Like the dew of Hermon which comes down upon the mountains of Zion, for there God has commanded the blessing, life unto eternity.[65]

---

63. *Op. cit.* 131.
64. *Op. cit.* 132.
65. *Op. cit.* 133.

תהלים
קלד שִׁיר הַמַּעֲלוֹת הִנֵּה בָּרְכוּ אֶת יְיָ כָּל עַבְדֵי יְיָ
הָעֹמְדִים בְּבֵית יְיָ בַּלֵּילוֹת: שְׂאוּ יְדֵכֶם קֹדֶשׁ
וּבָרְכוּ אֶת יְיָ: יְבָרֶכְךָ יְיָ מִצִּיּוֹן עֹשֵׂה שָׁמַיִם וָאָרֶץ:

תהלים
קמב מַשְׂכִּיל לְדָוִד בִּהְיוֹתוֹ בַמְּעָרָה תְפִלָּה: קוֹלִי
אֶל יְיָ אֶזְעָק קוֹלִי אֶל יְיָ אֶתְחַנָּן: אֶשְׁפֹּךְ לְפָנָיו
שִׂיחִי צָרָתִי לְפָנָיו אַגִּיד: בְּהִתְעַטֵּף עָלַי רוּחִי וְאַתָּה
יָדַעְתָּ נְתִיבָתִי בְּאֹרַח זוּ אֲהַלֵּךְ טָמְנוּ פַח לִי: הַבֵּיט
יָמִין וּרְאֵה וְאֵין לִי מַכִּיר אָבַד מָנוֹס מִמֶּנִּי אֵין דּוֹרֵשׁ
לְנַפְשִׁי: זָעַקְתִּי אֵלֶיךָ יְיָ אָמַרְתִּי אַתָּה מַחְסִי חֶלְקִי
בְּאֶרֶץ הַחַיִּים: הַקְשִׁיבָה אֶל רִנָּתִי כִּי דַלּוֹתִי מְאֹד
הַצִּילֵנִי מֵרֹדְפַי כִּי אָמְצוּ מִמֶּנִּי: הוֹצִיאָה מִמַּסְגֵּר
נַפְשִׁי לְהוֹדוֹת אֶת שְׁמֶךָ בִּי יַכְתִּרוּ צַדִּיקִים כִּי תִגְמֹל
עָלָי:

תהלים
קמג מִזְמוֹר לְדָוִד יְיָ שְׁמַע תְּפִלָּתִי הַאֲזִינָה אֶל
תַּחֲנוּנַי בֶּאֱמֻנָתְךָ עֲנֵנִי בְּצִדְקָתֶךָ: וְאַל תָּבוֹא
בְמִשְׁפָּט אֶת עַבְדֶּךָ כִּי לֹא יִצְדַּק לְפָנֶיךָ כָל חָי: כִּי
רָדַף אוֹיֵב נַפְשִׁי דִּכָּא לָאָרֶץ חַיָּתִי הוֹשִׁיבַנִי
בְמַחֲשַׁכִּים כְּמֵתֵי עוֹלָם: וַתִּתְעַטֵּף עָלַי רוּחִי בְּתוֹכִי
יִשְׁתּוֹמֵם לִבִּי: זָכַרְתִּי יָמִים מִקֶּדֶם הָגִיתִי בְכָל פָּעֳלֶךָ
בְּמַעֲשֵׂה יָדֶיךָ אֲשׂוֹחֵחַ: פֵּרַשְׂתִּי יָדַי אֵלֶיךָ נַפְשִׁי
כְּאֶרֶץ עֲיֵפָה לְךָ סֶלָה: מַהֵר עֲנֵנִי יְיָ כָּלְתָה רוּחִי אַל
תַּסְתֵּר פָּנֶיךָ מִמֶּנִּי וְנִמְשַׁלְתִּי עִם יֹרְדֵי בוֹר: הַשְׁמִיעֵנִי
בַבֹּקֶר חַסְדֶּךָ כִּי בְךָ בָטָחְתִּי הוֹדִיעֵנִי דֶּרֶךְ זוּ אֵלֵךְ כִּי

שיר A Song of Ascents. Behold: Bless God, all you servants of God
who stand in the House of God in the nights. Lift up your hands in
holiness and bless God. May God, Who makes heaven and earth, bless
you from Zion.[66]

משכיל A thoughtful psalm by David, [composed] when he was in the
cave.

With my voice, I will cry out to God; with my voice, I will call to
God in supplication. I will pour out my plea before Him; I will declare
my distress in His presence. When my spirit is faint within me, You
know my path. In the way in which I walk, they have hidden a snare for
me. Look to my right and see, there is none that will know me; every
escape is lost to me. No man cares for my soul.

I cried out to You, O God; I said, "You are my refuge, my portion in
the land of the living."

Listen to my song of prayer, for I have been brought very low.
Deliver me from my pursuers, for they are too mighty for me. Release
my soul from confinement, so that it may acknowledge Your name.
Because of me, the righteous will crown [You] when You will deal
graciously with me.[67]

מזמור A Psalm of David. O God, hear my prayer, lend Your ear to
my supplications. With Your faithfulness answer me, and with Your
righteousness. Do not enter into judgment with Your servant, for no
living being would be vindicated before You. For the enemy has pursued
my soul; he has crushed my life to the ground; he has set me down in
dark places, like those who are eternally dead. Then my spirit became
faint within me; my heart was dismayed within me. I remembered the
days of old; I meditated on all Your deeds; I spoke of Your
handiwork. I spread out my hands to You; like a languishing land
my soul yearns after You. Selah. Answer me soon, O God, my spirit
is spent; hide not Your face from me, lest I become like those who
descend into the pit. Let me hear Your kindness in the morning, for
have I trusted in You. Let me know the way in which I should walk,

66. *Op. cit.* 134.
67. *Op. cit.* 142.

אֵלֶיךָ נָשָׂאתִי נַפְשִׁי: הַצִּילֵנִי מֵאֹיְבַי יְיָ אֵלֶיךָ כִסִּתִי:
לַמְּדֵנִי לַעֲשׂוֹת רְצוֹנֶךָ כִּי אַתָּה אֱלוֹהָי רוּחֲךָ טוֹבָה
תַּנְחֵנִי בְּאֶרֶץ מִישׁוֹר: לְמַעַן שִׁמְךָ יְיָ תְּחַיֵּנִי בְּצִדְקָתְךָ
תוֹצִיא מִצָּרָה נַפְשִׁי: וּבְחַסְדְּךָ תַּצְמִית אֹיְבָי וְהַאֲבַדְתָּ
כָּל צֹרְרֵי נַפְשִׁי כִּי אֲנִי עַבְדֶּךָ:

תהלים

קמד לְדָוִד בָּרוּךְ יְיָ צוּרִי הַמְלַמֵּד יָדַי לַקְרָב
אֶצְבְּעוֹתַי לַמִּלְחָמָה: חַסְדִּי וּמְצוּדָתִי מִשְׂגַּבִּי
וּמְפַלְטִי לִי מָגִנִּי וּבוֹ חָסִיתִי הָרוֹדֵד עַמִּי תַחְתָּי: יְיָ מָה
אָדָם וַתֵּדָעֵהוּ בֶּן אֱנוֹשׁ וַתְּחַשְּׁבֵהוּ: אָדָם לַהֶבֶל דָּמָה
יָמָיו כְּצֵל עוֹבֵר: יְיָ הַט שָׁמֶיךָ וְתֵרֵד גַּע בֶּהָרִים
וְיֶעֱשָׁנוּ: בְּרוֹק בָּרָק וּתְפִיצֵם שְׁלַח חִצֶּיךָ וּתְהֻמֵּם:
שְׁלַח יָדֶיךָ מִמָּרוֹם פְּצֵנִי וְהַצִּילֵנִי מִמַּיִם רַבִּים מִיַּד
בְּנֵי נֵכָר: אֲשֶׁר פִּיהֶם דִּבֶּר שָׁוְא וִימִינָם יְמִין שָׁקֶר:
אֱלֹהִים שִׁיר חָדָשׁ אָשִׁירָה לָּךְ בְּנֵבֶל עָשׂוֹר אֲזַמְּרָה
לָּךְ: הַנּוֹתֵן תְּשׁוּעָה לַמְּלָכִים הַפּוֹצֶה אֶת דָּוִד עַבְדּוֹ
מֵחֶרֶב רָעָה: פְּצֵנִי וְהַצִּילֵנִי מִיַּד בְּנֵי נֵכָר אֲשֶׁר פִּיהֶם
דִּבֶּר שָׁוְא וִימִינָם יְמִין שָׁקֶר: אֲשֶׁר בָּנֵינוּ כִּנְטִעִים
מְגֻדָּלִים בִּנְעוּרֵיהֶם בְּנוֹתֵינוּ כְזָוִיֹּת מְחֻטָּבוֹת תַּבְנִית
הֵיכָל: מְזָוֵינוּ מְלֵאִים מְפִיקִים מִזַּן אֶל זַן צֹאנֵנוּ
מַאֲלִיפוֹת מְרֻבָּבוֹת בְּחוּצוֹתֵינוּ: אַלּוּפֵינוּ מְסֻבָּלִים אֵין
פֶּרֶץ וְאֵין יוֹצֵאת וְאֵין צְוָחָה בִּרְחֹבֹתֵינוּ: אַשְׁרֵי הָעָם
שֶׁכָּכָה לּוֹ, אַשְׁרֵי הָעָם שֶׁיְיָ אֱלֹהָיו:

for to You I have lifted my soul. Deliver me from my enemies, O God. I
have concealed [my troubles] from all, save You. Teach me to do Your
will, for You are my God. Let Your good spirit lead me in an even path.
For the sake of Your name, God, give me life; in Your righteousness
take my soul out of distress. And in Your kindness, cut off my enemies,
and obliterate all those who oppress my soul, for I am Your servant.[68]

לדוד By David. Blessed be God, my Rock, Who trains my hands for
battle and my fingers for war. My source of kindness and my fortress,
my High Tower and my Rescuer, my Shield, in whom I take refuge; it is
He who makes my people submit to me.

God, what is man that You have recognized him, the son of a
mortal, that You are mindful of him? Man is like a breath; his days are
like a passing shadow.

God, bend Your heavens and descend; touch the mountains and
they will become vapor. Flash one bolt of lightning and You will scatter
them; send out Your arrows and You will confound them. Stretch forth
Your hands from on high, rescue me and deliver me out of many waters,
from the hand of strangers, whose mouth speaks deceit and whose right
hand is a right hand of falsehood.

God, I will sing a new song to You, I will play to You upon a harp of
ten strings. He who gives victory to kings, He will rescue David, His
servant, from the evil sword. Rescue me, and deliver me from the hand
of strangers, whose mouth speaks deceit and whose right hand is a right
hand of falsehood.

For our sons are like plants, brought up to manliness in their youth;
our daughters are like cornerstones, fashioned after the fashion of a
palace. Our storehouses are full, overflowing with all manner of food;
our sheep increase by the thousands, growing by the tens of thousands
in our open fields. Our leaders bear the heaviest burden; there is none
who break through, nor is there bad report, nor outcry in our streets.

Happy is the nation for whom this is so. Happy is that nation whose
God is the Lord.[69]

---

68. Psalm 143.
69. *Op. cit.* 144.

תהלים
קמה תְּהִלָּה לְדָוִד, אֲרוֹמִמְךָ אֱלוֹהַי הַמֶּלֶךְ,
וַאֲבָרְכָה שִׁמְךָ לְעוֹלָם וָעֶד: בְּכָל יוֹם אֲבָרְכֶךָּ,
וַאֲהַלְלָה שִׁמְךָ לְעוֹלָם וָעֶד: גָּדוֹל יְיָ וּמְהֻלָּל מְאֹד,
וְלִגְדֻלָּתוֹ אֵין חֵקֶר: דּוֹר לְדוֹר יְשַׁבַּח מַעֲשֶׂיךָ,
וּגְבוּרֹתֶיךָ יַגִּידוּ: הֲדַר כְּבוֹד הוֹדֶךָ, וְדִבְרֵי נִפְלְאֹתֶיךָ
אָשִׂיחָה: וֶעֱזוּז נוֹרְאֹתֶיךָ יֹאמֵרוּ, וּגְדֻלָּתְךָ אֲסַפְּרֶנָּה:
זֵכֶר רַב טוּבְךָ יַבִּיעוּ, וְצִדְקָתְךָ יְרַנֵּנוּ: חַנּוּן וְרַחוּם יְיָ,
אֶרֶךְ אַפַּיִם וּגְדָל חָסֶד: טוֹב יְיָ לַכֹּל, וְרַחֲמָיו עַל כָּל
מַעֲשָׂיו: יוֹדוּךָ יְיָ כָּל מַעֲשֶׂיךָ, וַחֲסִידֶיךָ יְבָרְכוּכָה:
כְּבוֹד מַלְכוּתְךָ יֹאמֵרוּ, וּגְבוּרָתְךָ יְדַבֵּרוּ: לְהוֹדִיעַ
לִבְנֵי הָאָדָם גְּבוּרֹתָיו, וּכְבוֹד הֲדַר מַלְכוּתוֹ: מַלְכוּתְךָ,
מַלְכוּת כָּל עֹלָמִים, וּמֶמְשַׁלְתְּךָ בְּכָל דּוֹר וָדֹר: סוֹמֵךְ
יְיָ לְכָל הַנֹּפְלִים, וְזוֹקֵף לְכָל הַכְּפוּפִים: עֵינֵי כֹל אֵלֶיךָ
יְשַׂבֵּרוּ, וְאַתָּה נוֹתֵן לָהֶם אֶת אָכְלָם בְּעִתּוֹ: פּוֹתֵחַ אֶת
יָדֶךָ, וּמַשְׂבִּיעַ לְכָל חַי רָצוֹן: צַדִּיק יְיָ בְּכָל דְּרָכָיו,
וְחָסִיד בְּכָל מַעֲשָׂיו: קָרוֹב יְיָ לְכָל קֹרְאָיו, לְכֹל אֲשֶׁר
יִקְרָאֻהוּ בֶאֱמֶת: רְצוֹן יְרֵאָיו יַעֲשֶׂה, וְאֶת שַׁוְעָתָם
יִשְׁמַע וְיוֹשִׁיעֵם: שׁוֹמֵר יְיָ אֶת כָּל אֹהֲבָיו, וְאֵת כָּל
הָרְשָׁעִים יַשְׁמִיד: תְּהִלַּת יְיָ יְדַבֶּר פִּי, וִיבָרֵךְ כָּל בָּשָׂר
שֵׁם קָדְשׁוֹ לְעוֹלָם וָעֶד:

תהלים
קמו הַלְלוּיָהּ, הַלְלִי נַפְשִׁי אֶת יְיָ: אֲהַלְלָה יְיָ בְּחַיָּי,
אֲזַמְּרָה לֵאלֹהַי בְּעוֹדִי: אַל תִּבְטְחוּ בִנְדִיבִים,
בְּבֶן אָדָם שֶׁאֵין לוֹ תְשׁוּעָה: תֵּצֵא רוּחוֹ יָשֻׁב לְאַדְמָתוֹ,
בַּיּוֹם הַהוּא אָבְדוּ עֶשְׁתֹּנֹתָיו: אַשְׁרֵי שֶׁאֵל יַעֲקֹב

תהלה A psalm of praise by David. I will exalt You, my God the King, and bless Your name forever.

Every day I will bless You, and praise Your name forever.

God is great and exceedingly lauded, and there is no limit to His greatness.

One generation to another will praise Your works, and tell of Your mighty acts.

I will speak of the splendor of Your glorious majesty and of Your wondrous deeds.

They will proclaim the might of Your awesome acts, and I will recount Your greatness.

They will express the remembrance of Your abounding goodness, and sing praises of Your righteousness.

God is gracious and compassionate, slow to anger and of manifold kindness.

God is good to all, and His mercies extend over all His works.

God, all Your works will thankfully acknowledge You, and Your pious ones will bless You.

They will speak of the glory of Your kingdom, and tell of Your strength.

To inform men of His mighty acts, and the glorious majesty of His kingdom.

Your kingship is sovereign over all worlds, and Your dominion is throughout all generations.

God supports all those who fall, and makes erect all who are bent.

The eyes of all look expectantly to You, and You give them their food at the proper time.

You open Your hand and satisfy the desire of every living thing.

God is righteous in all His ways, and kind in all His deeds.

God is close to all who call upon Him, to all who call upon Him in truth.

He fulfills the desire of those who fear Him, hears their cry and delivers them.

God protects all who love Him; He will destroy all the wicked.

My mouth will declare the praise of God, and let all flesh bless His holy name forever.[70]

הללויה Praise God. Praise God, O my soul.

I will sing to God while I live; I will chant praises to my God while I exist.

Do not place your trust in generous people, in mortal man, for he does not have the ability to bring deliverance. When his spirit departs, he returns to his earth; on that very day, his plans are lost.

---

70. Psalm 145.

בְּעֶזְרוֹ, שִׂבְרוֹ עַל יְיָ אֱלֹהָיו: עֹשֶׂה שָׁמַיִם וָאָרֶץ אֶת
הַיָּם וְאֶת כָּל אֲשֶׁר בָּם, הַשֹּׁמֵר אֱמֶת לְעוֹלָם: עֹשֶׂה
מִשְׁפָּט לַעֲשׁוּקִים, נֹתֵן לֶחֶם לָרְעֵבִים, יְיָ מַתִּיר
אֲסוּרִים: יְיָ פֹּקֵחַ עִוְרִים יְיָ זֹקֵף כְּפוּפִים, יְיָ אֹהֵב
צַדִּיקִים: יְיָ שֹׁמֵר אֶת גֵּרִים יָתוֹם וְאַלְמָנָה יְעוֹדֵד,
וְדֶרֶךְ רְשָׁעִים יְעַוֵּת: יִמְלֹךְ יְיָ לְעוֹלָם, אֱלֹהַיִךְ צִיּוֹן,
לְדֹר וָדֹר הַלְלוּיָהּ:

תהלים
קמז הַלְלוּיָהּ, כִּי טוֹב זַמְּרָה אֱלֹהֵינוּ, כִּי נָעִים נָאוָה
תְהִלָּה: בּוֹנֵה יְרוּשָׁלַיִם יְיָ, נִדְחֵי יִשְׂרָאֵל יְכַנֵּס:
הָרוֹפֵא לִשְׁבוּרֵי לֵב, וּמְחַבֵּשׁ לְעַצְּבוֹתָם: מוֹנֶה מִסְפָּר
לַכּוֹכָבִים, לְכֻלָּם שֵׁמוֹת יִקְרָא: גָּדוֹל אֲדוֹנֵינוּ וְרַב כֹּחַ,
לִתְבוּנָתוֹ אֵין מִסְפָּר: מְעוֹדֵד עֲנָוִים יְיָ, מַשְׁפִּיל
רְשָׁעִים עֲדֵי אָרֶץ: עֱנוּ לַייָ בְּתוֹדָה, זַמְּרוּ לֵאלֹהֵינוּ
בְכִנּוֹר: הַמְכַסֶּה שָׁמַיִם בְּעָבִים, הַמֵּכִין לָאָרֶץ מָטָר,
הַמַּצְמִיחַ הָרִים חָצִיר: נוֹתֵן לִבְהֵמָה לַחְמָהּ, לִבְנֵי
עֹרֵב אֲשֶׁר יִקְרָאוּ: לֹא בִגְבוּרַת הַסּוּס יֶחְפָּץ, לֹא
בְשׁוֹקֵי הָאִישׁ יִרְצֶה: רוֹצֶה יְיָ אֶת יְרֵאָיו, אֶת הַמְיַחֲלִים
לְחַסְדּוֹ: שַׁבְּחִי יְרוּשָׁלַיִם אֶת יְיָ, הַלְלִי אֱלֹהַיִךְ צִיּוֹן: כִּי
חִזַּק בְּרִיחֵי שְׁעָרָיִךְ, בֵּרַךְ בָּנַיִךְ בְּקִרְבֵּךְ: הַשָּׂם גְּבוּלֵךְ
שָׁלוֹם, חֵלֶב חִטִּים יַשְׂבִּיעֵךְ: הַשֹּׁלֵחַ אִמְרָתוֹ אָרֶץ, עַד
מְהֵרָה יָרוּץ דְּבָרוֹ: הַנֹּתֵן שֶׁלֶג כַּצָּמֶר, כְּפוֹר כָּאֵפֶר
יְפַזֵּר: מַשְׁלִיךְ קַרְחוֹ כְפִתִּים, לִפְנֵי קָרָתוֹ מִי יַעֲמֹד:
יִשְׁלַח דְּבָרוֹ וְיַמְסֵם, יַשֵּׁב רוּחוֹ יִזְּלוּ מָיִם: מַגִּיד דְּבָרָיו

Fortunate is he whose help is the God of Jacob, whose hope rests upon God his Lord. He makes the heavens, the earth, the sea and all that is in them; He keeps [His promise] faithfully forever. He renders justice to the oppressed; He grants food to the hungry; God releases those who are bound. God opens the eyes of the blind; God makes erect those who are bowed down; God loves the righteous. God protects the strangers; He encourages the orphan and the widow; He thwarts the way of the wicked.

God will reign forever, your God, O Zion, throughout all generations. Praise God.[71]

הללויה Praise God. Make music for our God for He is good; because He is pleasant, praise befits Him.

God is the rebuilder of Jerusalem; He will gather the dispersed of Israel. He heals the broken-hearted, and binds up their sorrows. He counts the number of the stars; He assigns a name to each of them. Great is our Master and abounding in might; His understanding is beyond reckoning. God encourages the humble; He casts the wicked down to the ground.

Raise your voices in gratitude to God; play to our God with a harp. He covers the sky with clouds; He prepares rain for the earth, and makes grass grow upon the mountains. He gives an animal its food, to the young ravens which cry out.

He does not desire [those who place their trust in] the strength of the horse, nor does He want [those who rely] upon the legs of man. God desires those who stand in awe of Him, those who long for His kindness.

Praise God, O Jerusalem; Zion, extol your God. For He has strengthened the bolts of your gates; He has blessed your children in your midst. He makes your borders peaceful; He satiates you with the finest of wheat. He sends forth His command to the earth; His word runs most swiftly. He gives snow like fleece; He scatters frost like ashes. He hurls His ice like crumbs; who can withstand His cold? He sends forth His word and melts them; He causes His wind to blow, and the waters flow.

---

71. *Op. cit.* 146.

לְיַעֲקֹב, חֻקָּיו וּמִשְׁפָּטָיו לְיִשְׂרָאֵל: לֹא עָשָׂה כֵן לְכָל גּוֹי, וּמִשְׁפָּטִים בַּל יְדָעוּם הַלְלוּיָהּ:

תהלים קמח הַלְלוּיָהּ, הַלְלוּ אֶת יְיָ מִן הַשָּׁמַיִם, הַלְלוּהוּ בַּמְּרוֹמִים: הַלְלוּהוּ כָל מַלְאָכָיו הַלְלוּהוּ כָּל צְבָאָיו: הַלְלוּהוּ שֶׁמֶשׁ וְיָרֵחַ, הַלְלוּהוּ כָּל כּוֹכְבֵי אוֹר: הַלְלוּהוּ שְׁמֵי הַשָּׁמָיִם, וְהַמַּיִם אֲשֶׁר מֵעַל הַשָּׁמָיִם: יְהַלְלוּ אֶת שֵׁם יְיָ, כִּי הוּא צִוָּה וְנִבְרָאוּ: וַיַּעֲמִידֵם לָעַד לְעוֹלָם, חָק נָתַן וְלֹא יַעֲבוֹר: הַלְלוּ אֶת יְיָ מִן הָאָרֶץ, תַּנִּינִים וְכָל תְּהֹמוֹת: אֵשׁ וּבָרָד, שֶׁלֶג וְקִיטוֹר, רוּחַ סְעָרָה עֹשָׂה דְבָרוֹ: הֶהָרִים וְכָל גְּבָעוֹת, עֵץ פְּרִי וְכָל אֲרָזִים: הַחַיָּה וְכָל בְּהֵמָה, רֶמֶשׂ וְצִפּוֹר כָּנָף: מַלְכֵי אֶרֶץ וְכָל לְאֻמִּים, שָׂרִים וְכָל שֹׁפְטֵי אָרֶץ: בַּחוּרִים וְגַם בְּתוּלוֹת, זְקֵנִים עִם נְעָרִים: יְהַלְלוּ אֶת שֵׁם יְיָ כִּי נִשְׂגָּב שְׁמוֹ לְבַדּוֹ, הוֹדוֹ עַל אֶרֶץ וְשָׁמָיִם: וַיָּרֶם קֶרֶן לְעַמּוֹ, תְּהִלָּה לְכָל חֲסִידָיו, לִבְנֵי יִשְׂרָאֵל עַם קְרֹבוֹ הַלְלוּיָהּ:

תהלים קמט הַלְלוּיָהּ, שִׁירוּ לַיהוָה שִׁיר חָדָשׁ, תְּהִלָּתוֹ בִּקְהַל חֲסִידִים: יִשְׂמַח יִשְׂרָאֵל בְּעֹשָׂיו, בְּנֵי צִיּוֹן יָגִילוּ בְמַלְכָּם: יְהַלְלוּ שְׁמוֹ בְמָחוֹל, בְּתֹף וְכִנּוֹר יְזַמְּרוּ לוֹ: כִּי רוֹצֶה יְיָ בְּעַמּוֹ, יְפָאֵר עֲנָוִים בִּישׁוּעָה: יַעְלְזוּ חֲסִידִים בְּכָבוֹד, יְרַנְּנוּ עַל מִשְׁכְּבוֹתָם: רוֹמְמוֹת אֵל בִּגְרוֹנָם, וְחֶרֶב פִּיפִיּוֹת בְּיָדָם: לַעֲשׂוֹת נְקָמָה

He tells His words to Jacob, His statutes and ordinances to Israel. He has not done so for other nations, nor did He make known to them [His] ordinances. Praise God.[72]

הללויה Praise God. Praise God from the heavens; praise Him in the celestial heights. Praise Him, all His angels; praise Him, all His hosts. Praise Him, sun and moon; praise Him, all the shining stars. Praise Him, heaven of heavens, and the waters that are above the heavens.

Let them praise the name of God, for He commanded and they were created. He has established them forever, for all time; He issued a decree, and it will not be superseded.

Praise God from the earth, sea-monsters and all [that dwell in] the depths; fire and hail, snow and vapor, stormy wind carrying out His command; the mountains and all hills, fruit-bearing trees and all cedars; the beast and all cattle, creeping things and winged fowl; kings of the earth and all nations, rulers and all judges of the land; young men as well as maidens, elders together with young lads.

Let them praise the name of God, for His name is sublimely transcendent, it is unto Himself; [only] its radiance is upon the earth and heaven. He will raise the standard of His people, [increasing] the praise of all His pious ones, the children of Israel, the people close to Him. Praise God.[73]

הללויה Praise God. Sing to God a new song, [recount] His praise in the assembly of the pious. Let Israel rejoice in its Maker; and let the children of Zion delight in their King. Let them praise His name with dancing, and play music to Him with the drum and harp.

For God desires His people; He will adorn the humble with salvation. The pious will exult in glory; they will sing upon their beds. The exaltation of God is in their throat, and a double-edged sword in their hand.

72. Op. cit. 147.
73. Op. cit. 148.

בַּגּוֹיִם, תּוֹכֵחוֹת בַּלְאֻמִּים: לֶאְסֹר מַלְכֵיהֶם בְּזִקִּים, וְנִכְבְּדֵיהֶם בְּכַבְלֵי בַרְזֶל: לַעֲשׂוֹת בָּהֶם מִשְׁפָּט כָּתוּב, הָדָר הוּא לְכָל חֲסִידָיו הַלְלוּיָהּ:

תהלים

קנ הַלְלוּיָהּ, הַלְלוּ אֵל בְּקָדְשׁוֹ, הַלְלוּהוּ בִּרְקִיעַ עֻזּוֹ: הַלְלוּהוּ בִגְבוּרֹתָיו, הַלְלוּהוּ כְּרֹב גֻּדְלוֹ: הַלְלוּהוּ בְּתֵקַע שׁוֹפָר, הַלְלוּהוּ בְּנֵבֶל וְכִנּוֹר: הַלְלוּהוּ בְתֹף וּמָחוֹל, הַלְלוּהוּ בְּמִנִּים וְעוּגָב: הַלְלוּהוּ בְצִלְצְלֵי שָׁמַע, הַלְלוּהוּ בְּצִלְצְלֵי תְרוּעָה: כֹּל הַנְּשָׁמָה תְּהַלֵּל יָהּ הַלְלוּיָהּ:

זהר אחרי מות דף ע׳ ע״ב

אָמַר רִבִּי יִצְחָק זַכָּאִין אִינּוּן צַדִּיקַיָּא בְּעָלְמָא דֵּין וּבְעָלְמָא דְאָתֵי דְהָא כֻּלְּהוּ קַדִּישִׁין. גּוּפָא דִלְהוֹן קַדִּישָׁא. נַפְשָׁא דִלְהוֹן קַדִּישָׁא. רוּחָא דִלְהוֹן קַדִּישָׁא. נִשְׁמָתָא דִלְהוֹן קוֹדֶשׁ קָדָשִׁים. תְּלַת דַּרְגִּין אִינּוּן כְּגַוְונָא דִלְעֵילָא. דְּתַנְיָא אָמַר רִבִּי יְהוּדָה כְּתִיב תּוֹצֵא הָאָרֶץ נֶפֶשׁ חַיָּה דָא הִיא נִשְׁמָתָא (עִילָאָה) דְאָדָם קַדְמָאָה (עִילָאָה). תָּא חֲזֵי תְּלַת דַּרְגִּין אִינּוּן וְאִתְדַּבְּקוּ כְּחָד. נֶפֶשׁ רוּחַ נְשָׁמָה. וְעִלָּאָה מִנַּיְיהוּ נְשָׁמָה. דְּאָמַר רִבִּי יוֹסֵי בְּכֻלְּהוּ בְּנֵי נָשָׁא אִית נֶפֶשׁ. וְאִית נֶפֶשׁ עִילָּאָה מִנֶּפֶשׁ. זָכָה בַּר נַשׁ בְּהַאי נֶפֶשׁ מְרִיקִין עֲלֵיהּ עִטְרָא חָדָא דְאִקְרֵי רוּחַ הָדָא הוּא דִכְתִיב עַד יֵעָרֶה עָלֵינוּ רוּחַ מִמָּרוֹם. כְּדֵין אִתְּעַר בַּר נַשׁ בְּאִתְעֲרוּתָא אַחֲרָא עִילָאָה לְאִסְתַּכָּלָא בְּנִימוּסֵי מַלְכָּא קַדִּישָׁא. זָכָה בַּר נַשׁ בֵּיהּ בְּהַהוּא רוּחָא מְעַטְּרִין לֵיהּ בְּכִתְרָא קַדִּישָׁא עִילָאָה דְּכָלִיל כֹּלָּא

To bring retribution upon the nations, punishment upon the peoples; to bind their kings with chains, and their nobles with iron fetters; to execute upon them the prescribed judgment; it will be a glory for all His pious ones. Praise God.[74]

הללויה Praise God. Praise God in His Sanctuary; praise Him in the firmament of His strength.

Praise Him for His mighty acts; praise Him as befits His abundant greatness.

Praise Him with the sounding of the Shofar; praise Him with harp and lyre.

Praise Him with drums and dance; praise Him with stringed instruments and flute.

Praise Him with resounding cymbals; praise Him with resonant trumpets.

Let every being that has a soul praise God. Praise God.[75]

Zohar (Acharei Mos, p. 70b ff.)

אמר R. Yitzchak says: "Worthy are the righteous in this world and in the next, for they are altogether holy. Their bodies are holy, their Nefashos[76] are holy, their Ruchos are holy, their Neshamos are holy of holies.

"These three levels reflect the sublime attributes. As we learnt, R. Yehudah says: 'It is written,[77] Let the earth bring forth living souls. This is the soul of Adam, the first man.'

"See: There are three levels, Nefesh, Ruach, and Neshamah, and they are fused as one. The most sublime of them is the Neshamah. As R. Yosei says, 'Every person has a Nefesh [which vitalizes the body],[78] and a Nefesh[79] higher than that Nefesh.

"'If a man acts meritoriously with this Nefesh, there descends upon him a certain crown called Ruach, as implied by the verse,[80] "Until a Ruach will be poured upon us from on high." He will then be stirred with a different and sublime motivation to contemplate the ways of the Holy King.

"'If a man acts meritoriously with this Ruach, he is invested with a holy, exalted and all-encompassing crown called Neshamah, the soul of God.'"

---

74. Op. cit. 149.
75. Op. cit. 150.
76. See footnote 1 above.
77. Bereishis 1:24. We have translated the verse in the context of the passage from the Zohar.
78. In chassidic terminology, the animal soul.
79. I.e., the Godly soul.
80. Yeshayahu 32:15.

דְּאִיקְרֵי נְשָׁמָה. דְּאִתְקְרֵי נִשְׁמַת אֱלוֹהַּ. וְתָאנָא בְּרָזָא
דְּרָזִין בְּגוֹ רָזָא דְּסִפְרָא דִּשְׁלֹמֹה מַלְכָּא. הַאי קְרָא
דִּכְתִיב וְשַׁבֵּחַ אֲנִי אֶת הַמֵּתִים שֶׁכְּבָר מֵתוּ. כֵּיוָן דִּכְתִיב
וְשַׁבֵּחַ אֲנִי אֶת הַמֵּתִים. אַמַּאי שֶׁכְּבָר מֵתוּ. אֶלָּא שֶׁכְּבָר
מֵתוּ בְּהַאי עָלְמָא בְּפוּלְחָנָא דְּמָארֵיהוֹן. וְתַמָּן כְּתִיב
תְּלַת מְדוֹרִין עָבַד קוּדְשָׁא בְּרִיךְ הוּא לְצַדִּיקַיָּיא חַד
לְנַפְשָׁאָן דְּאִינּוּן צַדִּיקַיָּיא דְּלָא אִסְתַּלָּקוּ מֵהַאי עָלְמָא.
וּשְׁכִיחִין בְּהַאי עָלְמָא. וְכַד אִצְטְרִיךְ עָלְמָא רַחֲמִין וְאִינּוּן
חַיִּין יָתְבִין בְּצַעֲרָא אִינּוּן מְצַלּוּ צְלוֹתָא עֲלַיְיהוּ. וְאָזְלִין
וּמוֹדִיעִין מִלָּה לְאִינּוּן דְּמִיכִין דְּחֶבְרוֹן. וּמִתְעָרִין וְעָאלִין
לְגַן עֵדֶן דְּאַרְעָא. דְּתַמָּן רוּחֵיהוֹן דְּצַדִּיקַיָּיא מִתְלַבְּשִׁין
בְּעִטְרִין דִּנְהוֹרָא וְאִתְיַיעֲטוּ בְּהוּ. וְגָזְרִין גְּזֵירָה וְקוּדְשָׁא
בְּרִיךְ הוּא עָבֵד רְעוּתָא דִּלְהוֹן. וְחָס עַל עָלְמָא וְאִינּוּן
נַפְשָׁן דְּצַדִּיקַיָּיא מִשְׁתַּכְחִין בְּהַאי עָלְמָא לְאַגָּנָא עַל
חַיָּיא. וְהַאי אִקְרֵי נֶפֶשׁ וְדָא לָא אִסְתַּלְּקָא (וְלָא אִשְׁתְּצֵי)
מֵהַאי עָלְמָא וּשְׁכִיחָא בְּהַאי עָלְמָא לְאִסְתַּכָּלָא וּלְמִנְדַּע
וּלְאַגָּנָא עַל דָּרָא. וְהַאי הוּא דַּאֲמָרוּ חַבְרַיָּיא. דְּמִיתֵי
יָדְעֵי בְּצַעֲרָא דְּעָלְמָא וְעוֹנְשָׁא דְּחַיָּיבִין דִּי בְּאַרְעָא.
בְּהַאי הוּא דִּכְתִיב וְנִכְרְתָה הַנֶּפֶשׁ הַהִיא מֵעַמֶּיהָ.
וּמְדוֹרָא תִּנְיָנָא הוּא גַּן עֵדֶן דִּי בְּאַרְעָא. בֵּיהּ עָבֵד
קוּדְשָׁא בְּרִיךְ הוּא מְדוֹרִין עִילָּאִין יַקִּירִין כְּגַוְונָא דְּהַאי
עָלְמָא. וּכְגַוְונָא דְּעָלְמָא עִילָּאָה וְהֵיכָלִין בִּתְרֵין גַּוְונִין
דְּלֵית לְהוֹן חוּשְׁבְּנָא. וְאִילָנִין וְעִשְׂבִּין וְרֵיחִין דְּסַלְּקִין בְּכָל
יוֹמָא. וּבְהַאי אֲתַר שָׁארֵי הַהוּא דְּאִקְרֵי רוּחַ דְּאִינּוּן
צַדִּיקַיָּיא. וּמְדוֹרָא דְּהַהוּא רוּחָא בֵּיהּ שָׁארֵי. וְכָל רוּחַ

Thus has it been taught among the most hidden, mystic secrets, in the secrets of the book of King Solomon, where it is written,[81] "And I praise the dead, for they are already dead": Since it is written, "And I praise the dead," why is it further stated, "for they are already dead"? The intent is that they have already died in this world in the service of their Master.

There it is written that God has made three abodes for the righteous: One is for the *Nefashos* of the righteous which have not left this world and are present here. When the world is in need of mercy and the living are suffering, the *Nefashos* [of the righteous] pray for them and go and inform those who sleep in Hebron [i.e., the Patriarchs]. They awaken and enter the terrestrial [lower] *Gan Eden* where the *Ruchos* of the righteous are clothed with crowns of light, and take counsel with them and issue decrees. The Holy One, blessed be He, grants their desire and has pity on the world.

These *Nefashos* of the righteous abide in this world to protect the living. This level is called the *Nefesh*. It does not depart from this world, but abides in the world to watch and know [what takes place] and to protect its generation. It is with regard to this *Nefesh* that the Companions[82] say that the dead know the sorrows of the world, and the punishment of the wicked in this world. Concerning this [soul-level] it is written,[83] "And this *Nefesh* will be cut off from its people."

The second abode is the terrestrial [lower] *Gan Eden*.[84] In it, the Holy One, blessed be He, has made sublime and precious chambers after the pattern of those of this world and of the celestial world, innumerable palaces of two colors, and trees and sweet-smelling herbs that grow afresh every day. This is the domain in which the *Ruchos* of the righteous abide, each one being clad in a precious garment after the pattern of this world and of the upper world.

The third abode is that holy celestial abode which is called "the bundle of life,"[85] where that holy superior level called the *Neshamah*

---

81. *Koheles* 4:2.
82. The inner circle of initiates.
83. *Bereishis* 17:14.
84. Lit., "the Garden of Eden"; the spiritual abode of the souls.
85. Cf. I *Shmuel* 25:29; an allusion to the Higher *Gan Eden*.

וְרוּחַ מִתְלַבְּשָׁא בִּלְבוּשׁ יְקִירָא כְּגַוְונָא דְהַאי עָלְמָא.
וּכְגַוְונָא דְּהַהוּא עָלְמָא עִילָּאָה. מְדוֹרָא תְּלִיתָאָה הַהוּא
מְדוֹרָא עִילָּאָה קַדִּישָׁא דְּאִתְקְרֵי צְרוֹרָא דְחַיֵּי דְּתַמָּן
מִתְעַדְּנָא הַהוּא דַּרְגָּא עִלָּאָה קַדִּישָׁא דְּאִקְרֵי נְשָׁמָה.
וְהַאי אִיתְדַּבַּק לְאִתְעַנְּגָא בְּעִדּוּנָא עִלָּאָה. עֲלֵיהּ כְּתִיב
אָז תִּתְעַנַּג עַל יְיָ וְהִרְכַּבְתִּיךָ וְגוֹמֵר. וְתָאנָא בְּשַׁעְתָּא
דְּאִצְטְרִיךְ עָלְמָא רַחֲמֵי וְאִינּוּן צַדִּיקַיָּיא זַכָּאִין. הַהוּא נֶפֶשׁ
דְּאִשְׁתַּכְחָא בְּעָלְמָא לְאַגָּנָא עַל עָלְמָא. נֶפֶשׁ סָלִיק וְאָזִיל
וְשָׁאֵט בְּעָלְמָא וּמוֹדַע לְרוּחַ. וְרוּחַ סָלִיק וְאִתְעֲטַר וּמוֹדַע
לִנְשָׁמָה. וּנְשָׁמָה לְקוּדְשָׁא בְּרִיךְ הוּא. וּכְדֵין חָס קוּדְשָׁא
בְּרִיךְ הוּא עַל עָלְמָא. כְּדֵין נַחֲתָא מֵעֵילָּא לְתַתָּא. נְשָׁמָה
אוֹדַע לְרוּחַ. וְרוּחַ אוֹדַע לְנַפְשָׁא. וּבְכָל שַׁבַּתָּא וְשַׁבַּתָּא
וְרֵישׁ יַרְחָא כֻּלְּהוּ מִתְחַבְּרָן וּמִתְעַטְּרָן כְּחָד. עַד
דְּאִזְדַּוְּוגוּ לְמֵיתֵי לְסַגְּדָא לְמַלְכָּא עִלָּאָה. וּלְבָתַר תַּיְיבִין
לְאַתְרַיְיהוּ. הֲדָא הוּא דִכְתִיב וְהָיָה מִדֵּי חֹדֶשׁ בְּחָדְשׁוֹ
וּמִדֵּי שַׁבָּת בְּשַׁבַּתּוֹ יָבוֹא כָל בָּשָׂר וְגוֹמֵר. וּבְשַׁעְתָּא
דְּאִיצְטְרִיךְ עָלְמָא רַחֲמֵי וְחַיָּיא אָזְלֵי וּמוֹדָעֵי לְהוּ
לְנַפְשַׁיְיהוּ דְצַדִּיקַיָּיא וּבְכָאָן עַל קִבְרַיְיהוּ אִינּוּן דְּאִתְחֲזוּ
לְאוֹדָעָא לְהוּ. מַאי טַעְמָא דְּשַׁוְיָין רְעוּתָא דִּלְהוֹן
לְאִתְדַּבְּקָא נַפְשָׁא בְּנַפְשָׁא כְּדֵין אִתְעֲרִין נַפְשַׁיְיהוּ
דְצַדִּיקַיָּיא. וּמִתְכַּנְּפֵי וְאָזְלִין וְשָׁאטִין לְדָמִיכֵי חֶבְרוֹן
וּמוֹדִיעֵי לְהוּ צַעֲרָא דְעָלְמָא. וְכֻלְּהוּ עָאלִין בְּהַהוּא
פִּתְחָא דְגַן עֵדֶן וּמוֹדִיעֵי לְרוּחַ. וְאִינּוּן רוּחִין דְּמִתְעַטְּרָן
בְּגַן עֵדֶן מַלְאֲכֵי עִלָּאִין אָזְלֵי בֵּינַיְיהוּ. וְכֻלְּהוּ מוֹדִיעִין
לִנְשָׁמָה. וּנְשָׁמָה אוֹדִיעַת לְקוּדְשָׁא בְּרִיךְ הוּא. וְכֻלְּהוּ

regales itself. There it cleaves [to G-d] to take pleasure in sublime delights. Concerning this level it is written,[86] "Then shall you delight in God and I will make you ride on the high places...."

Now we have learnt that when the world requires mercy, [this is what transpires with regard to] these worthy righteous [souls]. Their *Nefesh* which is found in this world to shield the world rises upward, soars over the world, and informs the *Ruach*. The *Ruach* rises upward, is crowned, and informs the *Neshamah*, which in turn tells the Holy One, blessed be He. Then God has compassion on the world.

[And the process is reversed,] descending from the higher realms to the lower ones. The *Neshamah* informs the *Ruach* and the *Ruach* the *Nefesh*.

On every *Shabbos* and *Rosh Chodesh*, all [these three levels] are fused together, crowned as one and unified, so that they can be brought to prostrate themselves before the sublime King. They then return to their respective places. This is the inner intent of the verse,[87] "And it will come to pass that every New Moon and every Sabbath, all flesh will come...."

Thus when the world requires mercy, the living — those who are worthy — go and inform the *Nefashos* of the righteous and weep over their graves. Why are they deemed worthy? Because their desire is that a *Neshamah* will cleave to a *Neshamah*.[88] The *Neshamos* of the righteous then come together and soar aloft to the sleepers of Hebron, informing them of the sorrows of the world. They then all enter the gateway of *Gan Eden* and inform the Ruchos. Those Ruchos that are crowned in Gan Eden — celestial angels go about among them. They all

---

86. *Yeshayahu* 58:14.
87. *Op. cit.* 66:23.
88. I.e., the *neshamah* of the living will cleave to the *neshamah* of the righteous individual at whose grave they pray.

בָּעָאן רַחֲמֵי עַל חַיָּין וְחָס קוּדְשָׁא בְּרִיךְ הוּא עַל עָלְמָא
בְּגִינֵיהוֹן. וְעַל דָּא אָמַר שְׁלֹמֹה וְשַׁבֵּחַ אֲנִי אֶת הַמֵּתִים
שֶׁכְּבָר מֵתוּ וְגוֹמֵר. אָמַר רִבִּי חִיָּיא תְּוַוהְנָא אִי אִית מַאן
דְּיָדַע לְאוֹדָעָא לְהוּ לְמֵתַיָּיא בַּר אֲנָן. אָמַר רִבִּי אַבָּא
צַעֲרָא מוֹדָעָא לְהוּ אוֹרַיְיתָא מוֹדָעָא לְהוּ דְּהָא בְּשַׁעְתָּא
דְּלֵית מַאן דְּיָדַע בְּהַאי. אַפְּקֵי אוֹרַיְיתָא סָמוּךְ לְקִבְרֵי
וְאִינּוּן מִתְעָרֵי עַל אוֹרַיְיתָא עַל מָה אִתְגַּלְיָיא לְהַהוּא
אֲתַר. כְּדֵין דּוּמָה אוֹדַע לְהוֹן. אָמַר רִבִּי יוֹסֵי וְאִינּוּן יָדְעֵי
דְּהָא עָלְמָא בְּצַעֲרָא וְחַיָּיא לָא אִתְחֲזוּן וְלָא יָדְעֵי
לְאוֹדָעָא לְהוּ. בֵּיהּ שַׁעְתָּא כֻּלְּהוֹן צַוְוחִין עַל אוֹרַיְיתָא.
דְּאִתְקַלְנָא וְאִתְגַּלְיָיא לְהַהוּא אֲתַר. אִי בְּנֵי נָשָׁא תַּיְיבִין
וּבָכָאן בְּלִיבָּא שְׁלִים וְתַיְיבִין קַמֵּי קוּדְשָׁא בְּרִיךְ הוּא.
כֻּלְּהוּ מִתְכַּנְשֵׁי וּבָעָאן רַחֲמֵי וּמוֹדִיעִין לְאִינּוּן דְּמִיכֵי
חֶבְרוֹן. וְעָאלִין וּמוֹדִיעִין לְרוּחַ דִּבְגַן עֵדֶן כְּמָה דַּאֲמָרָן
וְאִי אִינּוּן לָא תַּיְיבִין בְּלִיבָּא שְׁלִים לְמִבְעֵי וּלְמִבְכֵּי עַל
צַעֲרָא דְּעָלְמָא. וַוי לְהוֹן דְּכֻלְּהוּ מִתְכַּנְּפֵי לְרֵיקָא. אָמְרֵי
מַאן גָּרִים לְאוֹרַיְיתָא קַדִּישָׁא דְּאִתְגַּלְיָיא עַל יְדַיְיהוּ בְּלָא
תְּשׁוּבָה. וְכֻלְּהוּ אֲתָאן לְאִתְחַדְתָּא וּלְאַדְכָּרָא חוֹבַיְיהוּ.
בְּגִינֵי כַּךְ לָא יְהָכוּן תַּמָּן בְּלָא תְּשׁוּבָה וּבְלָא תַּעֲנִיתָא
לְמִבְעֵי בָּעוּתָא קַמַּיְיהוּ. רִבִּי אַבָּא אָמַר בְּלָא תְּלַת
תַּעֲנִיתָא. רִבִּי יוֹסֵי אָמַר אֲפִילוּ חַד. וּבְהַהוּא יוֹמָא
וּבִלְבַד דְּעָלְמָא יָתִיב בְּצַעֲרָא טְפֵי. כְּדֵין כֻּלְּהוּ מִזְדַּוְּוגֵי
לְמִבְעֵי רַחֲמִין עַל עָלְמָא. תָּאנָא אָמַר רִבִּי יְהוּדָה יוֹמָא
חַד הֲווּ אָזְלֵי רִבִּי חִזְקִיָּה וְרִבִּי יֵיסָא בְּאוֹרְחָא. עָרְעוּ
בְּגוּשׁ חָלָב וַהֲוָה חָרִיב. יָתְבוּ סָמוּךְ לְבֵי קִבְרֵי וְרִבִּי יֵיסָא

inform the *Neshamos*, and the *Neshamos* inform the Holy One, blessed be He. They all implore His mercies for the living, and God has compassion on the world for their sake. Regarding this Solomon said: "And I praise the dead, for they are already dead."

Said R. Chiya: "I wonder if anyone knows how to inform the dead besides us."

R. Abba replied: "The sufferings [of men] inform them, and the Torah informs them. For when there is none who knows how [to inform the dead], a Torah scroll is taken near to their graves, and [the dead] are aroused [and enquire] why it was exiled there; and then Dumah[89] informs them."

R. Yosei added: "They then know that the world is in distress and the living are not worthy or do not know how to inform them. At that time, they all cry out for the dishonor done to the Torah, which has been exiled to such a place.

"If men repent and weep with all their heart and turn to the Holy One, blessed be He, then [the *Nefashos* of the righteous] all gather together and plead for mercy and inform the sleepers of Hebron, and enter *Gan Eden* to inform the *Ruchos* there, as we have said. But if they do not repent wholeheartedly, [but still] make petitions and cry over the distress of the world, then woe to them. For they have assembled for nothing. [The *Nefashos* of the righteous say:] "Who has caused the holy Torah to be exiled for them without repenting?" And all [these *Nefashos*] go to call renewed attention to the sins [of these people]. Therefore men should not go to the cemetery to make petitions without repentance and fasting."

R. Abba said: "[One should not go] unless he undertakes three fasts."

R. Yosei, however, said: "One is sufficient, even on the same day [one goes to the cemetery], provided the world is in a situation of acute distress. [If people fast,] all [the *Nefashos*] join forces to ask for mercy for the world."

It was taught: R. Yehudah said, "One day R. Chizkiyah and R. Yeissa were traveling. They came upon Gush Chalav, which was in ruin.

---

89. The name of an angel; see *Rashi* on *Berachos* 18b.

הֲוָה בִּידֵיהּ חַד חוּטְרָא (ס"א קיטרא) דְסֵפֶר תּוֹרָה
דְאִתְקְרַע. עַד דְיָתְבוּ אִתְרְגִישׁ חַד קִבְרָא קַמַּיְיהוּ וְצָוַח
וַוי וַוי דְהָא עָלְמָא בְּצַעֲרָא שְׁכִיחַ. הָא אוֹרַיְיתָא הָכָא
דְאִתְגַלְיָיא. אוֹ חַיָּיא אֶתוֹ לְחַיְיכָא עֲלָן וּלְכַסְפָּא
בְּכִיסוּפָא עֲלָן בְּאוֹרַיְיתַיְהוּ. אִזְדַעְזְעוּ רַבִּי חִזְקִיָּה וְרַבִּי
יֵיסָא. אָמַר רַבִּי חִזְקִיָּה מַאן אַתְּ. אָמַר לֵיהּ מִיתָא אֲנָא
וְהָא אִתְעַרְנָא לְגַבֵּי סֵפֶר תּוֹרָה. דִזְמְנָא חֲדָא הֲוָה יָתִיב
עָלְמָא בְּצַעֲרָא וַאֲתוֹ חַיָּיא הָכָא לְאִתְעֲרָא לָן בְּסֵפֶר
תּוֹרָה וַאֲנָא וְחַבְרָאִי אַקְדִימְנָא לְגַבֵּי דְמִיכֵי חֶבְרוֹן וְכַד
אִתְחַבָּרוּ בְּגַן עֵדֶן בְּרוּחֵיהוֹן דְצַדִיקַיָיא אִשְׁתַּכַּח קַמַּיְיהוּ
דְהַהוּא סֵפֶר תּוֹרָה דְאַיְיתוּ לְקַמָּן אִינוּן חַיָּיא הֲוָה פָּסוּל
וּמְשַׁקֵר בִּשְׁמָא דְמַלְכָּא עַל דְאִשְׁתַּכַּח וָא"ו יַתִּיר
בְּהַהוּא קְרָא דְוְשׁוֹסַעַת שֶׁסַע שְׁתֵּי פְּרָסוֹת. וַאֲמָרוּ
דְהוֹאִיל וְשִׁקָרוּ בִּשְׁמָא דְמַלְכָּא דְלָא יְתוּבוּן לְגַבֵּיהוֹן
וְדָחוּ לִי וּלְחַבְרָאִי בְּהַהִיא שַׁעְתָּא מִבֵּי מְתִיבְתָּא. עַד
דְחַד סָבָא דַהֲוָה בֵּינַיְיהוּ אֲזַל וְאַיְיתֵי סִפְרָא דְרַב הַמְנוּנָא
סָבָא וּכְדֵין אִתְעַר רַבִּי אֶלְעָזָר בְּרַבִּי שִׁמְעוֹן דַהֲוָה קְבִיר
עִמָּנָא. וְאָזַל וּבְעָא בְּגַן עֵדֶן עֲלַיְיהוּ וְאִתְסֵי עָלְמָא כְּדֵין
שָׁארוּ לָן. וּמִן הַהוּא יוֹמָא דִסְלִיקוּ לֵיהּ לְרַבִּי אֶלְעָזָר מִבֵּי
קִבְרָא דָא וְאִתְיְיהִיב לְגַבֵּי אֲבוּהָ לֵית מַאן דְאִתְעַר
לְמֵיקַם קַמַּיְיהוּ דִדְמִיכֵי חֶבְרוֹן דְמִסְתַּפִּינָא מִן הַהוּא יוֹמָא
דְדָחוּ לִי וּלְחַבְרָאִי. וְהַשְׁתָּא אֲתֵיתוּן לְגַבָּן וְסֵפֶר תּוֹרָה
גַבֵּיכוֹן אֲמֵינָא דְהָא עָלְמָא בְּצַעֲרָא אִשְׁתַּכַּח. וְעַל דָא
אִזְדַעְזַעְנָא דַאֲמֵינָא מַאן יַקְדִים לְאוֹדָעָא לְאִינוּן זַכָּאֵי
קְשׁוֹט דְמִיכֵי חֶבְרוֹן. אִשְׁתְּמִיט רַבִּי יֵיסָא בְּהַהוּא

"They sat down near the cemetery, R. Yeissa having in his hand a portion of a Torah scroll which had been torn. While they were sitting, a grave began to stir near them and [there was a] cry: "Alas, alas, for the world is in distress, for a Torah scroll has been exiled here. Otherwise, the living have come to mock us and to shame us with their Torah!"

"R. Chizkiyah and R. Yeissa were greatly alarmed. R. Chizkiyah said: 'Who are you?'

"[The voice] replied: 'I am dead, but I have been awakened by the Torah scroll. For once the world was in distress, and the living came here to awaken us with a Torah scroll. My companions and I approached the sleepers of Hebron. When we were joined with the *Ruchos* of the righteous in *Gan Eden*, it was discovered that the Torah scroll which the living brought before us was invalid, there being a superfluous *vav* in the verse,[90] "Which have a cloven hoof, [divided] into two parts." As such, falsehood was uttered in the name of the King. So the *Ruchos* said that since falsehood was uttered in the name of the King, these souls should not return to them. And they thrust me and my companions out of the assembly, until a certain elder who was among them went and brought the scribe of R. Hamnuna the Elder.

"'Then R. Elazar the son of R. Shimon who was buried with us was aroused and entreated for them in Gan Eden and the world was healed. Permission was then granted to us [to return to the assembly].

"'From the day that R. Elazar was disinterred from his grave here and reburied with his father [in Meron], there is none [among us] that has been aroused to stand before the sleepers of Hebron, for we remember with fear the day when they rejected me and my companions. And now that you have come to us with a Torah scroll, I assume that the world is in distress. Therefore I am dismayed, for I wonder: Who will be the first to go and tell those truly righteous ones, the sleepers of Hebron?'

---

90. *Devarim* 14:6.

קִיטְרָא דְסֵפֶר תּוֹרָה. אָמַר רִבִּי חִזְקִיָה חַס וְשָׁלוֹם לֵית
עָלְמָא בְּצַעֲרָא וַאֲנַן לָא אַתְיָנָן לְהַאי. קָמוּ רִבִּי חִזְקִיָה
וְרִבִּי יֵיסָא וַאֲזָלוּ. אָמְרֵי וַדְּאי בְּשַׁעְתָּא דְזַכָּאִין לָא
אִשְׁתַּכְּחוּ בְּעָלְמָא. עָלְמָא לָא מִתְקַיְּמָא אֶלָּא בְּגִינֵיהוֹן
דְמֵתַיָּיא. אָמַר רִבִּי יֵיסָא בְּשַׁעְתָּא דְאִצְטְרִיךְ עָלְמָא
לְמִטְרָא אַמַּאי אָזְלִינָן לְגַבֵּיהוֹן דְמֵתַיָּיא וְהָא כְּתִיב
וְדוֹרֵשׁ אֶל הַמֵּתִים וְאָסִיר. אָמַר לֵיהּ עַד כְּעַן לָא חֲמִיתָא
גַּדְפָּא דְצִפָּרָא דְעֵדֶן. וְדוֹרֵשׁ אֶל הַמֵּתִים אֶל הַמֵּתִים
דַיְיקָא. דְאִינוּן חַיָּיבֵי עָלְמָא דְאִינוּן מֵעַמִּין (מְפַלְחֵי
כּוֹכְבַיָא) דְאִשְׁתַּכְּחוּ תָּדִיר מֵתִים. אֲבָל יִשְׂרָאֵל דְאִינוּן
זַכָּאֵי קְשׁוֹט שְׁלֹמֹה קָרָא עֲלַיְיהוּ וְשַׁבֵּחַ אֲנִי אֶת הַמֵּתִים
שֶׁכְּבָר מֵתוּ בִּזְמְנָא אַחֲרָא וְלָא הַשְׁתָּא. שֶׁכְּבָר מֵתוּ.
וְהַשְׁתָּא אִינוּן חַיִין. וְעוֹד דִשְׁאַר עַמִּין (דְפַלְחֵי כּוֹכְבַיָא)
כַּד אַתְאָן לְמִיתֵיהוֹן אַתְיָין בְּחַרְשִׁין לְאִתְעָרָא עֲלַיְיהוּ
זִינִין בִּישִׁין. וְכַד יִשְׂרָאֵל אַתְאָן לְמִיתֵיהוֹן אַתְיָין בְּכַמָה
תְּשׁוּבָה לְקַמֵּי קוּדְשָׁא בְּרִיךְ הוּא. בִּתְבִירוּ דְלִיבָּא.
בְּתַעֲנִיתָא לְקַבְּלֵיהּ וְכָלָא בְּגִין דְנִשְׁמָתִין קַדִּישִׁין יִבְעוּן
רַחֲמֵי לְקַמֵּי קוּדְשָׁא בְּרִיךְ הוּא עֲלַיְיהוּ וְקוּדְשָׁא בְּרִיךְ
הוּא חַיִים עַל עָלְמָא בְּגִינֵיהוֹן. וְעַל דָא תַּנִינָן צַדִּיקָא אַף
עַל גַּב דְאִתְפְּטַר מֵהַאי עָלְמָא לָא אִסְתַּלַּק וְלָא
אִתְאֲבִיד מִכֻּלְּהוּ עָלְמִין. דְהָא בְּכֻלְּהוּ עָלְמִין אִשְׁתַּכַּח
יַתִּיר מֵחַיוֹי. דִבְחַיוֹי אִשְׁתַּכַּח בְּהַאי עָלְמָא בִּלְחוֹדוֹי
וּלְבָתַר אִשְׁתַּכַּח בִּתְלַת עָלְמִין וְזַמִּין לְגַבַּיְיהוּ דִכְתִיב
עֲלָמוֹת אֲהֵבוּךָ אַל תִּקְרֵי עֲלָמוֹת אֶלָּא עוֹלָמוֹת זַכָּאָה
חוּלְקָהוֹן. תָּאנָא כְּתִיב וְהָיְתָה נֶפֶשׁ אֲדוֹנִי צְרוּרָה בִּצְרוֹר

"R. Yeissa left with the portion of the scroll and R. Chizkiyah said: 'God forbid, the world is not in distress, and we have not come for that purpose.'

"R. Chizkiyah and R. Yeissa then rose and went on their way. 'Certainly,' they said, 'when there are no righteous in the world, the world is sustained only by the dead.'

"R. Yeissa asked: 'Why, when rain is needed for the world, do we go [and pray] at [the resting place of] the dead? For the Torah forbids [us to] "inquire of the dead."'[91]

"He replied: 'You have not yet seen the wing of the Bird of Eden.'[92]. The 'dead' to whom the verse refers are those who may certainly be termed dead, i.e., the sinners of the heathen who are forever dead. But of Israel who are truly righteous, Solomon says: "And I praise the dead, for they are already dead"; i.e., they have died in the past, but now they are living.

"'Furthermore, when other peoples visit their dead, they come with magic to arouse evil spirits upon themselves. When, by contrast, the Jews visit their dead, they come in profuse repentance before the Holy One, blessed be He, with a contrite heart and with fasting. This is all with the intent that the holy *Neshamos* entreat the Holy One, blessed be He, for mercy on their behalf — and then, for their sake, He has compassion on the world.

"'In regard to this, we have learnt: A righteous man even when he departs from this world, does not [truly] rise above or vanish from any world. For he is to be found in all worlds more than in his lifetime. In his lifetime, he is found only in this [material] world, but afterwards, he is found in three worlds, and accessible therein. This is alluded to by the verse,[93] "Young maidens (עלמות) love you." Do not read עלמות, "young maidens," but rather עולמות, "worlds." Happy is their lot.'"

We have learned: It is written,[94] "May the *Nefesh* of my lord be bound in the bond of life." Why does the verse say "the *Nefesh* of my

---

91. *Op. cit.* 18:11.
92. This term refers to the *Sefirah* of *Binah*. R. Yeissa had not attained this level and therefore was still unable to become aware of the following concept alone.
93. *Shir HaShirim* 1:3.
94. *I Shmuel* 25:29.

הַחַיִּים. וְהָיְתָה נֶפֶשׁ אֲדוֹנִי. נִשְׁמַת אֲדוֹנִי מִבָּעֵי לֵיהּ. אֶלָּא כְּמָה דַאֲמָרָן. דְזַכָּאָה חוּלְקְהוֹן דְצַדִּיקַיָּיא דְכֹלָּא אִתְקַשַּׁר דָא בְּדָא. נֶפֶשׁ בְּרוּחַ. וְרוּחַ בִּנְשָׁמָה. וּנְשָׁמָה בְּקוּדְשָׁא בְּרִיךְ הוּא. אִשְׁתַּכַּח דְנֶפֶשׁ צְרוּרָה בִּצְרוֹר הַחַיִּים. אָמַר רִבִּי אֶלְעָזָר הַאי דַאֲמָרוּ חַבְרַיָּא גָלוּתָא דְסֵפֶר תּוֹרָה אֲפִילוּ מִבֵּי כְנִישְׁתָּא לְבֵי כְנִישְׁתָּא אַחֲרָא אָסִיר. וְכָל שֶׁכֵּן לְבֵי רְחוֹב. אֲמַאי לְבֵי רְחוֹב. אָמַר רִבִּי יְהוּדָה כְּמָה דַאֲמָרָן בְּגִין דְיִתְעָרוּן עֲלֵיהּ וְיִתְבְּעוּן רַחֲמֵי עַל עָלְמָא. אָמַר רִבִּי אַבָּא שְׁכִינְתָּא כַד אִתְגַּלְיָיא הָכִי נַמִי מֵאֲתַר לַאֲתַר. עַד דְאָמְרָה מִי יִתְּנֵנִי בַמִּדְבָּר מְלוֹן אוֹרְחִים וְגוֹמֵר. אוּף הָכָא בְּקַדְמִיתָא מִבֵּי כְנִישְׁתָּא לְבֵי כְנִישְׁתָּא. לְבָתַר לְבֵי רְחוֹב. לְבָתַר בַּמִּדְבָּר מְלוֹן אוֹרְחִים. אָמַר רִבִּי יְהוּדָה בְּנֵי בָבֶל מִסְתְּפוּ וְלָא קָא עָבְדֵי אֲפִילוּ מִבֵּי כְנִישְׁתָּא לְבֵי כְנִישְׁתָּא כָּל שֶׁכֵּן הַאי. תַּנְיָא אָמַר לְהוּ רִבִּי שִׁמְעוֹן לְחַבְרַיָּיא בְּיוֹמָאי לָא יִצְטָרְכוּן בְּנֵי עָלְמָא לְהַאי. אָמַר לֵיהּ רִבִּי יוֹסֵי צַדִּיקַיָּיא מְגִינִין עַל עָלְמָא בְּחַיֵּיהוֹן וּבְמִיתַתְהוֹן יוֹתֵר מֵחַיֵּיהוֹן. הֲדָא הוּא דִכְתִיב וְגַנּוֹתִי עַל הָעִיר הַזֹּאת לְהוֹשִׁיעָהּ לְמַעֲנִי וּלְמַעַן דָּוִד עַבְדִּי וְאִילוּ בְּחַיּוֹהִי לָא כְתִיב. אָמַר רִבִּי יְהוּדָה מַאי שְׁנָא הָכָא דִכְתִיב לְמַעֲנִי וּלְמַעַן דָּוִד עַבְדִּי דְשָׁקִיל הַאי לְגַבֵּי הַאי אֶלָּא בְּגִין דְדָוִד זָכָה לְאִתְקַשְׁרָא בִּרְתִיכָא קַדִּישָׁא דַאֲבָהָתָא וּבְגִין כַּךְ כֹּלָּא חַד. בְּרִיךְ הוּא לְעָלַם וּלְעָלְמֵי עָלְמַיָּא:

מעבר יבק

יְהִי רָצוֹן מִלְּפָנֶיךָ יְיָ אֱלֹהֵינוּ וֵאלֹהֵי אֲבוֹתֵינוּ שֶׁתִּתְעַטֵּף בְּרַחֲמֶיךָ וְתִתְאַזֵּר בַּחֲנִינוּתֶךָ וְתָבֹא

lord"? [Seemingly,] "the *Neshamah* of my lord" would be more appropriate. [In resolution, it can be said, that] as mentioned above, happy is the lot of the righteous, for all [three levels of the soul] are bound together, the *Nefesh* with the *Ruach*, the *Ruach* with the *Neshamah*, and the *Neshamah* with the Holy One, blessed be He. Thus, even the *Nefesh* [of the righteous] is "bound in the bond of life."

R. Elazar said: "The Companions said that it is forbidden to exile a Torah scroll from one synagogue to another, all the more so to bring it out into the street. Why then [do we take it] into the street [when praying for rain]?"

R. Yehudah replied: "As we have explained, so that [the dead] may be aroused because of it and entreat for the world."

R. Abba said: "When the *Shechinah* was exiled, it was also exiled from place to place until it said,[95] 'If only I could be in the wilderness, in a lodging place for wayfarers!' Similarly, in this instance, [the scroll] is first taken from synagogue to synagogue, then into the street, then to 'the wilderness, the lodging place of wayfarers.'"

R. Yehudah said: "In Babylon, they are afraid to take [a Torah scroll] even from synagogue to synagogue, all the more so [into the street]."

It has been taught that R. Shimon said to the companions: "In my days the world will not require this."

R. Yosei said to him: "The righteous shield the world in their lifetime, and after their death even more than during their lifetime. This is reflected in the verse:[96] 'I will defend this city, saving it for My own sake and for the sake of My servant David.' In David's lifetime, this was not said."

R. Yehudah said: "Why does the verse state 'for My own sake and for the sake of My servant David,' putting [David] on a par [with God Himself, as it were]? — Because David was found worthy of being connected with the Holy Chariot of the Patriarchs, and therefore all is one.[97] Blessed be He forever and ever."

From Maavar Yabok[98]

יהי May it be Your will, God our Lord and Lord of our ancestors, that You cloak Yourself with Your mercies and gird Yourself with Your

---

95. *Yirmeyahu* 9:1.
96. *Yeshayahu* 37:35. The verse refers to God's promise to King Chizkiyahu.
97. I.e., he is bound up in total unity with God.
98. A collection of laws, prayers and customs relating to man's passage from this world to the next, compiled by R. Aharon Berechiah ben R. Moshe of Modena and first published in Mantua in 1626.

לְפָנֶיךָ מִדַּת חַסְדְּךָ וַעֲנְוְתָנוּתְךָ וְתַעֲמִידֵנוּ בְּכֶתֶר
אוֹרָה וְאַל תַּעֲמִידֵנוּ בְּקֶרֶן חֲשֵׁכָה וְתִהְיֶה תוֹרָתְךָ
אוּמָּנוּתֵנוּ וְאַל יִגְבַּהּ לִבֵּנוּ וְאַל יֶחְשְׁכוּ עֵינֵינוּ וְלֹא
נִכָּלֵם מֵאֲבוֹתֵינוּ וְתַצִּילֵנוּ מֵעַזֵּי פָנִים, וּמֵעַזּוּת
פָּנִים, מֵאָדָם רָע, וּמֵחָבֵר רָע, וּמִשָּׁכֵן רָע, וּמִדִּין
קָשֶׁה, וּמִבַּעַל דִּין קָשֶׁה:

אֱלֹהַי, נְצוֹר לְשׁוֹנִי מֵרָע, וּשְׂפָתַי מִדַּבֵּר מִרְמָה,
וְלִמְקַלְלַי, נַפְשִׁי תִדּוֹם, וְנַפְשִׁי כֶּעָפָר
לַכֹּל תִּהְיֶה, פְּתַח לִבִּי בְּתוֹרָתֶךָ, וּבְמִצְוֹתֶיךָ תִּרְדּוֹף
נַפְשִׁי, וְכָל הַחוֹשְׁבִים עָלַי רָעָה, מְהֵרָה הָפֵר עֲצָתָם
וְקַלְקֵל מַחֲשַׁבְתָּם. יִהְיוּ כְּמֹץ לִפְנֵי רוּחַ וּמַלְאַךְ יְיָ
דֹּחֶה. לְמַעַן יֵחָלְצוּן יְדִידֶיךָ, הוֹשִׁיעָה יְמִינְךָ וַעֲנֵנִי.
עֲשֵׂה לְמַעַן שְׁמֶךָ, עֲשֵׂה לְמַעַן יְמִינֶךָ, עֲשֵׂה לְמַעַן
תּוֹרָתֶךָ, עֲשֵׂה לְמַעַן קְדֻשָּׁתֶךָ. יִהְיוּ לְרָצוֹן | אִמְרֵי
פִי, וְהֶגְיוֹן לִבִּי לְפָנֶיךָ, יְיָ צוּרִי וְגוֹאֲלִי:

יְהִי רָצוֹן מִלְּפָנֶיךָ שֶׁלֹּא אַקְפִּיד נֶגֶד חֲבֵירַי וְלֹא
חֲבֵירַי יַקְפִּידוּ כְּנֶגְדִּי. שֶׁלֹּא נְטַמֵּא אֶת הַטָּהוֹר
וְלֹא נְטַהֵר אֶת הַטָּמֵא. שֶׁלֹּא נֶאֱסוֹר אֶת הַמּוּתָּר.
וְלֹא נַתִּיר אֶת הָאָסוּר. וּבְכֵן יְהִי רָצוֹן מִלְּפָנֶיךָ שֶׁלֹּא
תַעֲלֶה שִׂנְאָתֵנוּ וְלֹא קִנְאָתֵנוּ עַל לֵב אָדָם. וְלֹא
שִׂנְאַת וְקִנְאַת אָדָם תַּעֲלֶה עַל לִבֵּנוּ. וְלֵב טָהוֹר
תִּבְרָא בְּקִרְבֵּנוּ לְהָפִיק מִמְּעוֹן קָדְשְׁךָ רְצוֹנֵנוּ וִיהִי
תוֹרָתְךָ מָלֵא בְּתֵינוּ כָּל יְמֵי חַיֵּינוּ וְיִהְיוּ דְּבָרֵינוּ

pardon, and that Your attributes of mercy and humility appear before
You and cause us to stand in a crown of light, and not in a place of
darkness.[99] May the Torah be our occupation. May our hearts not
become proud, nor our eyes dark, nor may we be ashamed before our
ancestors.[100] Protect us from insolent men and from impudence, from a
wicked man, from an evil companion, from an evil neighbor, from
severe judgment, and from a harsh adversary.[101]

אלהי My God, guard my tongue from evil and my lips from speaking
deceitfully. Let my soul be silent to those who curse me; let my soul be
as dust to all. Open my heart to Your Torah, and let my soul eagerly
pursue Your commandments.[102] As for all those who plot evil against
me, speedily annul their counsel and frustrate their design. Let them be
as chaff before the wind; let the angel of God thrust them away.[103] So
that Your beloved ones will be released, save with Your right hand and
answer me.[104] Do this for the sake of Your name; do it for the sake of
Your right hand; do it for the sake of Your Torah; do it for the sake of
Your holiness.

May the words of my mouth and the meditation of my heart be
acceptable before You, God, my Rock and my Redeemer.[105]

יהי May it be Your will that I not become irritated by my colleagues,
nor my colleagues become irritated by me; that we not rule that the pure
is impure, nor that the impure is pure; that we not rule that the
permitted is forbidden, nor that the forbidden is permitted.[106]

May it be Your will that no man's heart be stirred with hatred or
envy toward us, and that our heart not be stirred with hatred or envy
toward any man. Create a pure heart within us,[107] so that we are able to
evoke [the acceptance of] our desires from Your holy abode.

May Your Torah fill our homes throughout our entire lifetime.
May our words be [accepted as] supplications before You. Focus our

---

99. See *Berachos* 17a.
100. *Op. cit.* 16b.
101. *Ibid.*
102. *Op. cit.* 17a.
103. *Tehillim* 35:5.
104. *Op. cit.* 60:7.
105. *Avos* 5:20.
106. Cf. *Berachos* 28b.
107. Cf. *Tehillim* 51:12.

תַּחֲנוּנִים לְפָנֶיךָ וְיִתְיַחֵד לְבָבֵנוּ לְיִרְאָה אֶת שְׁמֶךָ
וּתְקָרְבֵנוּ לְכָל מַה שֶּׁאָהַבְתָּ וְתַעֲשֶׂה עִמָּנוּ צְדָקָה
לְמַעַן שְׁמֶךָ. יְהִי רָצוֹן מִלְּפָנֶיךָ שֶׁתִּתֶּן לָנוּ לֵב טוֹב.
וְחֵלֶק טוֹב. יֵצֶר טוֹב. חָבֵר טוֹב. שֵׁם טוֹב. עַיִן
טוֹבָה וְנֶפֶשׁ טוֹבָה. נֶפֶשׁ שְׁפֵלָה וְרוּחַ נְמוּכָה. וְאַל
יִתְחַלֵּל שִׁמְךָ בָּנוּ וְאַל תַּעֲשֵׂנוּ שִׂיחָה בְּפִי הַבְּרִיּוֹת
וְלֹא תִהְיֶה אַחֲרִיתֵנוּ לְהַכְרִית וְלֹא תִקְוָתֵנוּ לְמַפַּח
נָפֶשׁ וְאַל תַּצְרִיכֵנוּ לִידֵי מַתְּנַת בָּשָׂר וָדָם. וְאַל
תִּמְסוֹר מְזוֹנוֹתֵינוּ בִּידֵי בָּשָׂר וָדָם. שֶׁמַּתְּנָתָם
מְעוּטָה וְחֶרְפָּתָם מְרֻבָּה וְתֵן בְּלִבֵּנוּ לַעֲשׂוֹת
תְּשׁוּבָה שְׁלֵמָה לְפָנֶיךָ שֶׁלֹּא נֵבוֹשׁ מֵאֲבוֹתֵינוּ
לָעוֹלָם הַבָּא. וּבְכֵן יְהִי רָצוֹן מִלְּפָנֶיךָ יְיָ אֱלֹהֵינוּ
וֵאלֹהֵי אֲבוֹתֵינוּ שֶׁתְּשַׁבּוֹר וְתַשְׁבִּית עֻלּוֹ שֶׁל יֵצֶר
הָרָע מִלִּבֵּנוּ שֶׁכַּךְ בְּרָאתָנוּ לַעֲשׂוֹת רְצוֹנְךָ וַאֲנוּ
חַיָּבִים לַעֲשׂוֹת רְצוֹנֶךָ. אַתָּה חָפֵץ וַאֲנוּ חֲפֵצִים וּמִי
מְעַכֵּב שְׂאוֹר שֶׁבָּעִיסָּה. גָּלוּי וְיָדוּעַ לְפָנֶיךָ שֶׁאֵין
בָּנוּ כֹּחַ לַעֲמוֹד כְּנֶגְדּוֹ. אֶלָּא יְהִי רָצוֹן מִלְּפָנֶיךָ יְיָ
אֱלֹהֵינוּ וֵאלֹהֵי אֲבוֹתֵינוּ שֶׁתַּשְׁבִּיתֵהוּ מֵעָלֵינוּ
וְתַכְנִיעֵהוּ וְנַעֲשֶׂה רְצוֹנְךָ כִּרְצוֹנֵנוּ בְּלֵבָב שָׁלֵם
וְתַשְׁכֵּן בְּפוּרֵנוּ אַהֲבָה וְאַחֲוָה שָׁלוֹם וְרֵעוּת וְתַצְלִיחַ
סוֹפֵנוּ אַחֲרִית וְתִקְוָה וְתַרְבֶּה גְּבוּלֵנוּ בְּתַלְמִידִים
וְנַשִּׂישׂ בְּחֶלְקֵנוּ בְּגַן עֵדֶן וְתַקְּנֵנוּ לֵב טוֹב וְחָבֵר טוֹב
וְנַשְׁכִּים וְנִמְצָא יִחוּל לְבָבֵנוּ. וְתָבֹא לְפָנֶיךָ קוֹרַת

hearts to revere Your name. Draw us close to all that You love, and act charitably with us for Your name's sake.

May it be Your will that You grant us a good heart, a good portion, a good inclination, a good friend, a good reputation, a good disposition, a good character, a humble soul, and a meek spirit. Do not let Your name be desecrated because of us; let us not become the subject of gossip. And in the end, do not let our souls be cut off, nor our hopes end in disappointment.

Do not make us dependent on the gifts of mortals and do not delegate our sustenance to them, for their generosity is limited and [it is accompanied by] great shame.

Grant our hearts the desire to turn to You in complete repentance so that we will not be put to shame before our ancestors in the World to Come. And so may it be Your will, God our Lord and Lord of our ancestors, to destroy and to remove the yoke of the Evil Inclination from our hearts. For You have created us to fulfill Your will, and we are obligated to fulfill Your will. You desire this; we desire this. What prevents this from happening? — The yeast in the dough.[108] It is revealed and known before You that we do not have the strength to withstand it. Instead, may it be Your will, God our Lord and Lord of our ancestors, to remove it from us and subdue it, so that we shall wholeheartedly make Your will, our will.

Cause love, brotherliness, peace and friendship to dwell within our portion. Bring ultimate success to our posterity and let our hopes become manifest. Increase the number of students in our boundaries. Let us rejoice in our portion in *Gan Eden*. Perfect for us a good heart and a good friend and let us arise and discover that the hopes of our hearts [have been fulfilled]. And may our heart's desire come before You in a good light.[109]

---

108. I.e., the Evil Inclination. See *Berachos* 17a.
109. *Op. cit.* 16b.

נַפְשֵׁנוּ לְטוֹבָה. וּבְכֵן יְהִי רָצוֹן מִלְּפָנֶיךָ יְיָ אֱלֹהֵינוּ
וֵאלֹהֵי אֲבוֹתֵינוּ שֶׁתִּסְלַח וְתִמְחוֹל לָנוּ עַל כָּל
עֲוֹנוֹתֵינוּ וּפְשָׁעֵינוּ וּתְכַפֵּר לָנוּ עַל כָּל חַטֹּאתֵינוּ.
אָנָּא אֱלוֹהַּ הָרַחֲמִים בַּעַל הַסְּלִיחוֹת סְלַח לָנוּ מְחַל
לָנוּ כַּפֵּר לָנוּ וְתִמְרוֹק עֲוֹנוֹתֵינוּ בְּרַחֲמֶיךָ הָרַבִּים
אֲבָל לֹא עַל יְדֵי יִסּוּרִים וָחֳלָיִם רָעִים וְלֹא נָשׁוּב
עוֹד מֵאַחֲרֶיךָ וְנִזְכֶּה לְנוֹעַם יְדִידוּתֶיךָ:

יְהִי רָצוֹן מִלְּפָנֶיךָ יְיָ אֱלֹהֵינוּ וֵאלֹהֵי אֲבוֹתֵינוּ
שֶׁתִּתֶּן לָנוּ חַיִּים אֲרוּכִים. חַיִּים שֶׁל שָׁלוֹם.
חַיִּים שֶׁל טוֹבָה. חַיִּים שֶׁל בְּרָכָה. חַיִּים שֶׁל פַּרְנָסָה.
חַיִּים שֶׁל חִלּוּץ עֲצָמוֹת. חַיִּים שֶׁיֵּשׁ בָּהֶם יִרְאַת
חֵטְא. חַיִּים שֶׁאֵין בָּהֶם בּוּשָׁה וּכְלִימָּה. חַיִּים שֶׁל
עֹשֶׁר וְכָבוֹד. חַיִּים שֶׁתְּהֵא בָנוּ אַהֲבַת תּוֹרָה וְיִרְאַת
שָׁמַיִם. חַיִּים שֶׁתְּמַלֵּא לָנוּ כָּל מִשְׁאֲלוֹת לִבֵּנוּ
לְטוֹבָה בִּזְכוּת הַתַּנָּאִים וְהָאֲמוֹרָאִים זְרוֹעוֹת וְיַרְכִין
בְּסִטְרָא דִקְדוּשָׁה אֲשֶׁר אֵיתָן מוֹשָׁבָם וּבִזְכוּת
הַצַּדִּיקִים הַקְּבוּרִים בַּמָּקוֹם הַזֶּה. וּבִפְרַט זְכוּת
הַצַּדִּיקִים אֲדוֹנֵינוּ מוֹרֵינוּ וְרַבֵּינוּ רַבִּי יוֹסֵף יִצְחָק
בֶּן אֲדוֹנֵינוּ מוֹרֵינוּ וְרַבֵּינוּ רַבִּי שָׁלוֹם דּוֹב בֶּעֶר
וַאֲדוֹנֵינוּ מוֹרֵינוּ וְרַבֵּינוּ רַבִּי מְנַחֵם מֶענְדֶל בֶּן
הָרַב רַבִּי לֵוִי יִצְחָק זְכוּתָם יָגֵן עָלֵינוּ וְעַל כָּל בְּנֵי
בֵיתֵנוּ וְתִהְיֶה תְּפִלָּתִי זַכָּה לִפְנֵי שׁוֹכֵן מְעוֹנָה לְהֵיטִיב
לִי וּלְזַרְעִי וּלְזֶרַע זַרְעִי בָּעוֹלָם הַזֶּה בְּאוֹרֶךְ יָמִים

May it be Your will, God our Lord and Lord of our ancestors, to forgive and pardon us for all our sins and our iniquities and grant us atonement for all our transgressions. We implore You, God of mercy, Master of forgiveness: Forgive us, pardon us, grant us atonement. Cleanse our sins in Your great mercy, but not through suffering or severe illness.[110] And then we will no longer turn away from following You, and we will merit the pleasure of Your affection.

יהי May it be Your will, God our Lord and Lord of our ancestors, to grant us long life, a life of peace, a life of goodness, a life of blessing, a life of sustenance, a life of unhampered physical activity, a life permeated with the fear of sin, a life devoid of shame and disgrace, a life of prosperity and honor, a life imbued with the love of the Torah and the fear of heaven, a life in which You will fulfill all the desires of our hearts for good.[111]

[Grant our requests] in the merit of the *tannaim*[112] and the *amoraim*[113], the forearms and supports of the forces of holiness, whose resting place is unassailable; in the merit of the righteous men who are buried in this place; and in particular in the merit of the *tzaddikim* — our master, mentor and Rebbe, Rabbi **Yosef Yitzchak,** the son of our master, mentor and Rebbe, Rabbi **Shalom Dov Ber,** and our master, mentor and Rebbe, Rabbi **Menachem Mendel,** the son of Rabbi **Levi Yitzchak.** May their merit protect us and all the members of our households.

May my prayer be [accepted as] pure before Him Who dwells on high, so that He deal kindly with me and my descendants and their descendants — in this world, for long days and years of life and peace, and in the World to Come, so that we may delight in loving Him at both the higher and lesser levels of love.

110. *Op. cit.* 17a.
111. *Op. cit.* 16b.
112. The Sages of the *Mishnah.*
113. The Sages of the *Gemara.*

וּשְׁנוֹת חַיִּים וְשָׁלוֹם. וּבָעוֹלָם הַבָּא לְהִתְעַלֵּם בְּאַהֲבָה רַבָּה וּבְאַהֲבָה זוּטָא וְנַפְשָׁם בְּטוֹב תָּלִין וְתִשְׂבַּע בְּצַחְצָחוֹת וְעַצְמוֹתָם יַחֲלִיץ וְרוּחָם יִתְאַדֵּר בְּגַן עֵדֶן וְנִשְׁמָתָם תְּדֻשַּׁן בְּגַן עֵדֶן עֶלְיוֹן וּבִצְרוֹר הַחַיִּים עִם יְיָ אֱלֹהֵינוּ וְעַצְמוֹתָם יָנוּחוּן וְיִרְוְיוּן מִדֶּשֶׁן בֵּיתוֹ וְכָל שׁוֹכְבֵי עַמּוֹ יִשְׂרָאֵל בִּכְלָל הָרַחֲמִים וְהַסְּלִיחוֹת וְהַנֶּחָמוֹת וְנֹאמַר אָמֵן. עֲשֵׂה לְמַעַן שְׁמֶךָ. עֲשֵׂה לְמַעַן יְמִינֶךָ. עֲשֵׂה לְמַעַן תּוֹרָתֶךָ. עֲשֵׂה לְמַעַן קְדֻשָּׁתֶךָ. יִהְיוּ לְרָצוֹן | אִמְרֵי פִי, וְהֶגְיוֹן לִבִּי לְפָנֶיךָ, יְיָ צוּרִי וְגוֹאֲלִי:

ויהי נעם, ישב בסתר, אנא בכח, ז״פ

וִיהִי נֹעַם | אֲדֹנָי אֱלֹהֵינוּ עָלֵינוּ, וּמַעֲשֵׂה יָדֵינוּ כּוֹנְנָה עָלֵינוּ, וּמַעֲשֵׂה יָדֵינוּ כּוֹנְנֵהוּ:

תהלים

צא יֹשֵׁב בְּסֵתֶר עֶלְיוֹן, בְּצֵל שַׁדַּי יִתְלוֹנָן: אֹמַר לַייָ מַחְסִי וּמְצוּדָתִי, אֱלֹהַי אֶבְטַח בּוֹ: כִּי הוּא יַצִּילְךָ מִפַּח יָקוּשׁ, מִדֶּבֶר הַוּוֹת: בְּאֶבְרָתוֹ יָסֶךְ לָךְ וְתַחַת כְּנָפָיו תֶּחְסֶה, צִנָּה וְסֹחֵרָה אֲמִתּוֹ: לֹא תִירָא מִפַּחַד לָיְלָה, מֵחֵץ יָעוּף יוֹמָם: מִדֶּבֶר בָּאֹפֶל יַהֲלֹךְ, מִקֶּטֶב יָשׁוּד צָהֳרָיִם: יִפֹּל מִצִּדְּךָ אֶלֶף וּרְבָבָה מִימִינֶךָ, אֵלֶיךָ לֹא יִגָּשׁ: רַק בְּעֵינֶיךָ תַבִּיט, וְשִׁלֻּמַת רְשָׁעִים תִּרְאֶה: כִּי אַתָּה יְיָ מַחְסִי, עֶלְיוֹן שַׂמְתָּ מְעוֹנֶךָ: לֹא תְאֻנֶּה אֵלֶיךָ רָעָה, וְנֶגַע לֹא יִקְרַב בְּאָהֳלֶךָ: כִּי מַלְאָכָיו יְצַוֶּה

May their *Nefashos* rest pleasantly, and be sated by the spiritual lights for which they yearn. May their limbs be granted repose. May their spirits become stronger in *Gan Eden*, and their *Neshamos* be delighted in the sublime *Gan Eden*, in "the bond of life" with God our Lord. May their bones rest and derive satisfaction from the delight of His house together with all those of Israel who lie [in the grave], with mercy, forgiveness, and consolation. And let us say: *Amen*.

Do this for the sake of Your name; do it for the sake of Your right hand; do it for the sake of Your Torah; do it for the sake of Your holiness.

May the words of my mouth and the meditation of my heart be acceptable before You, God, my Rock and my Redeemer.

The following passage – from "May the pleasantness"
through "forever and ever" – is read seven times:

ויהי May the pleasantness of God our Lord be upon us; establish for us the work of our hands; establish the work of our hands.[114]

ישב [To] you who dwell in the shelter of the Most High, who abide in the shadow of the Omnipotent:

I say of God: "He is my refuge and my stronghold, my God in whom I trust.

"He will save you from the ensnaring trap, from the destructive pestilence.

"He will cover you with His pinions and you will find refuge under His wings; His truth is a shield and armor.

"You will not fear the terror of the night, nor the arrow that flies by day,

"Nor the pestilence that proceeds in gloom, nor the destruction that ravages at noon.

"A thousand may fall at your [left] side, and ten thousand at your right, but it will not reach you.

"You need only look with your eyes, and you will see the retribution of the wicked.

"Because [you have said,] 'You God are my shelter,' and you have made the Most High your haven,

"No evil will befall you, nor will plague approach your tent.

---

114. *Tehillim* 90:17.

לָךְ, לִשְׁמָרְךָ בְּכָל דְּרָכֶיךָ: עַל כַּפַּיִם יִשָּׂאוּנְךָ, פֶּן תִּגֹּף בָּאֶבֶן רַגְלֶךָ: עַל שַׁחַל וָפֶתֶן תִּדְרֹךְ, תִּרְמֹס כְּפִיר וְתַנִּין: כִּי בִי חָשַׁק וַאֲפַלְּטֵהוּ, אֲשַׂגְּבֵהוּ כִּי יָדַע שְׁמִי: יִקְרָאֵנִי וְאֶעֱנֵהוּ, עִמּוֹ אָנֹכִי בְצָרָה, אֲחַלְּצֵהוּ וַאֲכַבְּדֵהוּ: אֹרֶךְ יָמִים אַשְׂבִּיעֵהוּ, וְאַרְאֵהוּ בִּישׁוּעָתִי:

אָנָּא בְּכֹחַ גְּדֻלַּת יְמִינְךָ תַּתִּיר צְרוּרָה. אב״ג ית״ץ
קַבֵּל רִנַּת עַמְּךָ שַׂגְּבֵנוּ טַהֲרֵנוּ נוֹרָא. קר״ע שט״ן
נָא גִבּוֹר דּוֹרְשֵׁי יִחוּדְךָ כְּבָבַת שָׁמְרֵם. נג״ד יכ״ש
בָּרְכֵם טַהֲרֵם רַחֲמֵי צִדְקָתְךָ תָּמִיד גָּמְלֵם. בט״ר צת״ג
חֲסִין קָדוֹשׁ בְּרוֹב טוּבְךָ נַהֵל עֲדָתֶךָ. חק״ב טנ״ע
יָחִיד גֵּאֶה לְעַמְּךָ פְּנֵה זוֹכְרֵי קְדֻשָּׁתֶךָ. יג״ל פז״ק
שַׁוְעָתֵנוּ קַבֵּל וּשְׁמַע צַעֲקָתֵנוּ יוֹדֵעַ תַּעֲלוּמוֹת. שק״ו צי״ת
בָּרוּךְ שֵׁם כְּבוֹד מַלְכוּתוֹ לְעוֹלָם וָעֶד:

אָמַר רַבָּה בַּר בַּר חָנָה אָמַר רַבִּי יוֹחָנָן עֲתִידִים צַדִּיקִים שֶׁיִּקָּרְאוּ עַל שְׁמוֹ שֶׁל הַקָּדוֹשׁ בָּרוּךְ הוּא שֶׁנֶּאֱמַר: כֹּל הַנִּקְרָא בִשְׁמִי וְלִכְבוֹדִי, בְּרָאתִיו יְצַרְתִּיו אַף עֲשִׂיתִיו. אָמַר רַבִּי אֶלְעָזָר עֲתִידִים צַדִּיקִים שֶׁיֹּאמַר לִפְנֵיהֶם קָדוֹשׁ כְּדֶרֶךְ שֶׁאוֹמְרִים לִפְנֵי הַקָּדוֹשׁ בָּרוּךְ הוּא שֶׁנֶּאֱמַר: וְהָיָה הַנִּשְׁאָר בְּצִיּוֹן וְהַנּוֹתָר בִּירוּשָׁלַיִם קָדוֹשׁ יֵאָמֶר לוֹ כָּל הַכָּתוּב לַחַיִּים בִּירוּשָׁלָיִם. וְנֶאֱמַר: וְיִשְׂמְחוּ כָל חוֹסֵי בָךְ לְעוֹלָם יְרַנֵּנוּ וְתָסֵךְ עָלֵימוֹ וְיַעְלְצוּ בְךָ אֹהֲבֵי שְׁמֶךָ:

"For He will instruct His angels in your behalf, to protect you in all your ways.

"They will carry you in their hands, lest you hurt your foot on a rock.

"You will tread upon the lion and the viper; you will trample the young lion and the serpent."

[God will say]: "Because he desires Me, I will deliver him; I will elevate him because he knows My name.

"When he calls on Me, I will answer him; I am with him in distress, I will rescue him and bring him honor.

"I will satiate him with long life, and show him My deliverance."[115]

אנא We implore You, by the great power of Your right hand, release the one who is bound.

Accept the supplication of Your people; elevate us, purify us, Awesome One.

Mighty One, we beseech You, guard as the apple of the eye those who seek Your Oneness.

Bless them, purify them; bestow upon them continually Your merciful righteousness.

Powerful, Holy One, in Your abounding goodness, guide Your congregation.

Only and Exalted One, turn to Your people who are mindful of Your holiness.

Accept our supplication and hear our cry, You who know secret thoughts.

Blessed be the name of the glory of His kingdom forever and ever.

אמר Rabbah[116] bar bar Chanah said in the name of R. Yochanan: "In the future, the righteous will be called by the name of the Holy One, blessed be He, as it is written:[117] 'All that is called by My Name, indeed, it is for My glory that I have created it, formed it and made it....'"

R. Elazar said: "In the future, the term 'holy' will be said in the presence of the righteous as it is said in the presence of the Holy One, blessed be He, as it is written:[118] 'And it shall come to pass that those who are left in Zion and those who remain in Jerusalem will be called holy, everyone in Jerusalem that is inscribed for life.' And it is written:[119] 'And those who put their trust in You will be happy; they will sing forever, for You shield them; those who love Your name will rejoice in You.'"

---

115. *Op. cit.* 91.
116. Cf. *Bava Basra* 75b.
117. *Yeshayahu* 43:7.
118. *Op. cit.* 4:3.
119. *Tehillim* 5:12.

וכשיצא מבה"ק יאמר:

יְהִי רָצוֹן מִלְּפָנֶיךָ יְיָ אֱלֹהַי וֵאלֹהֵי אֲבוֹתַי כָּל מַה שֶׁבִּקַּשְׁתִּי לְפָנֶיךָ יִהְיֶה בְּעֵינֶיךָ כִּקְטוֹרֶת וְתַעֲשֶׂה עִמִּי לִפְנִים מִשּׁוּרַת הַדִּין וְאַתָּה רַחֲמָן שׁוֹמֵעַ בְּרָצוֹן תְּפִלַּת עַבְדֶּךָ וּבַעֲבוּר זֶה בָּאתִי לְפָנֶיךָ כִּי אֵין לִי מֵלִיץ לְהָלִיץ בַּעֲדִי לְפָנֶיךָ וְנָא אַל תְּשִׁיבֵנִי רֵיקָם מִלְּפָנֶיךָ כִּי אַתָּה שׁוֹמֵעַ תְּפִלָּה בַּעֲבוּר כָּל הַצַּדִּיקִים הַשּׁוֹכְנִים בְּכַאן וּבַעֲבוּר תִּפְאַרְתְּךָ הַגָּדוֹל בָּרוּךְ שׁוֹמֵעַ תְּפִלָּה. יִהְיוּ לְרָצוֹן אִמְרֵי פִי, וְהֶגְיוֹן לִבִּי לְפָנֶיךָ, יְיָ צוּרִי וְגוֹאֲלִי:

תם ונשלם

When one leaves the cemetery, one should say:

יהי May it be Your will, God my Lord and Lord of my ancestors, that all that I have asked of You be in Your eyes like an incense offering. Deal with me leniently, beyond the measure of the law, for You, merciful One, listen willingly to the prayer of Your servant. For this reason I have come before You, for I have no mediator to intercede with You on my behalf. Do not turn me away empty-handed from Your presence, for You listen to prayers – for the sake of all the righteous resting here and for the sake of Your great glory. Blessed be He who hears prayer.

May the words of my mouth and the meditations of my heart be acceptable before You, God, my Rock and my Redeemer.[120]

120. *Op. cit.* 19:15.